FRANÇOIS LES BAS-BLEUS

DRAME EN CINQ ACTES ET SEPT PARTIES

PAR

PAUL MEURICE

REPRÉSENTÉ POUR LA PREMIÈRE FOIS, A PARIS, SUR LE THÉATRE DE L'AMBIGU, LE 31 JANVIER 1863

DISTRIBUTION DE LA PIÈCE.

FRANÇOIS LES BAS-BLEUS......	Mmes MARIE LAURENT.	PURNON, maître d'hôtel de Monsieur.....	MM. HOSTEIN.
MADAME (HENRIETTE D'ANGLETERRE).	JANE ESSLER.	GARO, jeune paysan.............	MORETTEAU.
LAURE DE MONTALAIS..........	ANNA DEBONNE.	COMTOIS, valet de chambre de Guiche...	BOSQUETTE.
NICOLETTE..................	MARIE LAMBERT.	GUITAUT, capitaine des gardes.......	LAVERGNE.
ARMAND, COMTE DE GUICHE.....	MM. PAUL BONDOIS.	LE PÈRE MATHIEU, sonneur........	GUILLOT.
LE CHEVALIER DE LORRAINE....	CASTELLANO.	SAINT-AIGNAN................	GEORGES.
LOUIS XIV.................	MÉTRÊME.	LA MÈRE MICHAUD.............	Mmes C. GILBERT.
LE MARQUIS DE NANTOUILLET..	BERRET.	BABICHON...................	G. TISSIER.

En 1670.

S'adresser, pour la musique et la mise en scène, à M. Artus, chef d'orchestre, et à M. Masson, souffleur, au théâtre de l'Ambigu.

Tous droits réservés.

ACTE PREMIER.

Au village de Colombes, près Paris. — L'avant-cour de la métairie de François les Bas-Bleus. — A gauche, au premier plan, porte menant au verger; du même côté, la maison d'habitation, propre et gaie; les dehors d'une certaine aisance; escalier et palier extérieurs. — En face, et attenant à la maison, une porte basse à claire-voie, puis une haie d'épines, puis une seconde ouverture pratiquée dans la haie. Par delà, et formant le fond, la route et la campagne. — A droite, en pan oblique, les fossés et le mur en brique d'un parc, avec poivrière en angle; un pan de mur s'est écroulé dans le fossé et forme une sorte de brèche praticable; le tout entremêlé d'une végétation sauvage. Table et bancs rustiques.

SCÈNE PREMIÈRE.

MATHIEU passe sur le chemin du fond, suivi d'un petit paysan qui fait sonner une clochette; GARO entre par la porte du premier plan de gauche et se dirige vers la maison.

MATHIEU, criant. Demain jeudi, à six heures, les vendanges. — Jeudi, à six heures, les vendanges. — Jeudi...

GARO, sur les marches de l'escalier. Hé! père Mathieu?
MATHIEU. Qu'est-ce qu'il y a, Garo?
GARO. Vous n'avez toujours pas rencontré mon cousin François les Bas-Bleus par vos chemins?
MATHIEU. Nenni-da. Comment! il n'est pas encore rentré au nid, le ramier volage?
GARO. Pas du tout. V'là cette fois deux jours et deux nuits qu'il est perdu. Ma tante Michaud est joliment inquiète, allez! et Babichon aussi, et moi avec! J'ai cru que c'était lui que vous alliez sonnant.
MATHIEU. Eh! non, c'est les vendanges. Ça l'appellera peut-être. (Reprenant sa route.) — Demain jeudi, les vendanges. — A six heures, demain jeudi... (Il passe. Garo entre dans la maison.)

SCÈNE II.

LE CHEVALIER, PURNON, entrant par la haie du fond, à droite.

LE CHEVALIER. Le marquis achève son exploration des abords du parc; nous, Purnon, à la nôtre, et vite! il ne fait pas bon rester sur le terrain de l'ennemi.
PURNON. Oh! monsieur le chevalier, j'ai les renseigne-

ments les plus précis : d'abord, comme maître d'hôtel de Monsieur, je viens acheter des fruits dans ce village de Colombes, et puis Comtois, le valet de chambre de M. de Guiche, — de l'ennemi, comme dit monsieur le chevalier, — Comtois nous est tout acquis.

LE CHEVALIER. Ma bourse sait cela ; passons.

PURNON, désignant la maison de gauche. Monsieur le chevalier, voici la maison des Michaud. Tous jardiniers de père en fils. Le roi Henri IV a soupé à Lieursaint chez le grand-père, un soir qu'il s'était égaré à la chasse. La femme Michaud, veuve depuis cinq ans, a été la nourrice de M. de Guiche. De trois fils, il ne lui en reste qu'un seul, — ce François, — qu'ils appellent dans le pays François les Bas-Bleus, probablement à cause...

LE CHEVALIER. De la couleur de ses bas. Allez, allez ! Et, naturellement, ce François est tout dévoué à Guiche ?

PURNON. Absolument dévoué. — L'autre pignon du logis donne sur un grand enclos de vignes, et, chaque année, M. de Guiche y vient faire l'ouverture des vendanges, vêtu à la villageoise, le panier au bras et les ciseaux à la main. Il a quelquefois invité à la fête des dames de la cour ; sa sœur, madame de Valentinois, y était l'an passé. M. de Guiche traite François, son frère de lait, presque comme un frère véritable.

LE CHEVALIER. Bon ! mais entre Madame et ces Michaud, qu'est-ce donc qu'il y a eu de commun ?

PURNON. Ah ! voici. La ferme des Michaud a brûlé il y a trois ans ; c'est dans cet incendie que les deux fils aînés ont péri. M. de Guiche était encore en Pologne. Madame savait l'histoire du souper de Henri IV ; elle a fait relever les bâtiments à ses frais. Le grand-père Michaud, âgé de quatre-vingt-sept ans, est allé avec François, son dernier petit-fils, remercier Madame, qui lui a dit : « Vous ne me devrez rien, vous me ferez porter, tous les ans, un panier de vos plus beaux fruits, et nous serons quittes. » Et chaque année nous avons reçu un panier des plus magnifiques pêches.

LE CHEVALIER. C'est cela, je comprends : François les Bas-Bleus est reconnaissant à Madame, François les Bas-Bleus est dévoué à Guiche ; il y a là un lien tout trouvé. (Paraît Nantouillet.) — Le marquis ! — Purnon, vous me retrouverez ici ; allez maintenant remplir auprès de ce François la commission de Madame. (Purnon monte dans la maison.)

SCÈNE III.
LE CHEVALIER, NANTOUILLET.

LE CHEVALIER. Eh bien, mon cher Nantouillet, avez-vous trouvé ce que vous cherchiez ?

NANTOUILLET, inquiet et agité. Je le crois ! je le crois ! A travers la grille d'ici près, il m'a semblé apercevoir les sentiers tournants d'un labyrinthe ?

LE CHEVALIER. Oui, et tous ces sentiers conduisent à certain pavillon discret où s'est égarée, sur les pas de l'irrésistible Armand de Guiche, plus d'une Ariane de notre connaissance : madame de Châlais, mademoiselle de Chatillon, mademoiselle de Grancey, mademoiselle...

NANTOUILLET. Assurément, ce doit être à cette grille-là que s'est passée la scène en question !

LE CHEVALIER. Ah ! eh bien, vous décidez-vous à me la raconter, cette mystérieuse scène ?

NANTOUILLET. Oui, oui ! et elle vous intéresse au plus haut point, chevalier. Vous remportiez, il y a aujourd'hui quinze jours, une victoire admirable ! Guiche, votre grand adversaire, était mandé au Palais-Royal, et là, devant toute la cour, Monsieur interdisait à son ancien favori de jamais reparaître chez lui. Guiche s'éloignait, affectant toujours ses airs superbes ; mais on disait qu'il eût cacher son chagrin, non dans son hôtel de Versailles, non pas même dans ce château de Colombes, mais chez le maréchal de Grammont, son père, au fond de l'Amiénois.

LE CHEVALIER. Et c'est là qu'il est allé, en effet.

NANTOUILLET. Ah ! vous croyez ? Écoutez maintenant. Hier matin, au petit jour, un carrosse de louage s'arrêtait à cette grille du labyrinthe ; il venait y reprendre une jeune femme voilée qu'il y avait amenée la veille, et à la même heure prudente. La porte piétonne près de la grille s'ouvrait ; la dame sortait, accompagnée d'un jeune jardinier ou paysan de bonne mine. Elle semblait fort inquiète, la pauvre dame, et, d'une voix basse et émue, disait au villageois : « Au nom du ciel ! retrouvez-moi cette agrafe en perles ! il me la faut ! il me la faut avant demain soir ! Ce nœud de perles, je le tiens de Madame ; si Madame ne me le voit plus, que pensera-t-elle ? Cherchez dans le labyrinthe, cherchez dans le pavillon, cherchez. » Et elle décrivait le ruban et les perles, elle multipliait ses recommandations et ses instances, et le jeune paysan jurait ses grands dieux qu'il retrouverait le précieux joyau. Puis enfin, le carrosse partait et allait descendre la dame voilée, où cela ? dans les environs du Palais-Royal.

LE CHEVALIER. Ah çà ! comment diable avez-vous pu connaître tous ces détails ?

NANTOUILLET. Rien de plus simple. Le hasard a fait qu'un mien laquais s'est grisé hier de compagnie avec le cocher du carrosse de louage.

LE CHEVALIER. Heureux homme ! le hasard a pour lui de ces prévenances ! car votre découverte m'intéresse en effet, et beaucoup, mais elle vous intéresse encore plus que moi, mon cher.

NANTOUILLET. Comment cela ?

LE CHEVALIER. Eh ! mais la visiteuse matinale me fait tout l'effet d'être une des filles d'honneur de Madame.

NANTOUILLET. Je le crois aussi.

LE CHEVALIER. Eh bien, marquis, ne devez-vous pas épouser, un de ces jours, une des filles d'honneur de Madame ?

NANTOUILLET. Oh ! il ne peut s'agir ici de mademoiselle de Montalais !

LE CHEVALIER. Pourquoi ?

NANTOUILLET. D'abord... d'abord, c'est impossible.

LE CHEVALIER. Assurément ! Et puis ?

NANTOUILLET. Et puis, mademoiselle de Montalais était hier matin à Meaux, près de sa sœur malade.

LE CHEVALIER. Ah ! si elle était à Meaux !

NANTOUILLET. Tandis que M. de Guiche, comprenez-vous ? votre ennemi en fuite, que vous supposiez à Péronne ?

LE CHEVALIER, pensif. Eh ! le plus étrange, mon cher, c'est qu'hier matin, à l'heure de l'aventure, il y était encore.

NANTOUILLET. A Péronne ?

LE CHEVALIER. A Péronne ! Il est vrai qu'il en est arrivé ce matin dans le plus grand mystère, — et je n'ai su deux heures après, — mais il n'est certainement arrivé que de ce matin.

NANTOUILLET. Diable ! mais, en ce cas, pour qui donc la dame est-elle venue ?

LE CHEVALIER. Oh ! pour Guiche ! cela ne fait pas question.

NANTOUILLET. Mais qui était-elle, alors ? qui était-elle ? voilà la question ! Oh ! je tiens à éclaircir cette affaire, pour la réputation de toutes les filles d'honneur de Madame. Je dis de toutes, vous entendez, je m'alarme en général, j'ai une inquiétude... universelle.

LE CHEVALIER, qui a réfléchi. Eh bien, marquis, je vais, moi, vous donner dans vos recherches un auxiliaire tout-puissant.

NANTOUILLET. Et c'est ?

LE CHEVALIER. Le roi Louis XIV en personne.

NANTOUILLET. Oh ! oh !

LE CHEVALIER. Guiche a osé quelquefois devenir le rival de son maître, et, à l'heure où nous parlons, il pourrait l'être encore. Le roi n'est pas loin, je crois, de détester Guiche. Marquis, vous n'avez qu'à conter au roi, ce soir, le commencement de l'aventure d'hier. Puis laissez à Sa Majesté le soin d'en deviner la suite, et le plaisir d'en ordonner la fin.

NANTOUILLET. Ah ! ma foi, l'idée est triomphante. Mais, par le sambleu ! vous n'êtes donc pas content d'avoir évincé ce pauvre Guiche, il faut que vous l'anéantissiez ?

LE CHEVALIER. Ne perdez pas votre temps, mon cher, à vouloir pénétrer mes desseins et ma pensée.

NANTOUILLET. Oh ! si j'essayais ! On en est réduit aux conjectures sur la cause de la disgrâce de Guiche ; on a chuchoté pourtant que le fat avait osé témoigner à Madame un peu plus que du zèle. Depuis son départ, Monsieur et Madame se boudent. Monsieur serait-il jaloux ? Et vous qui lui êtes tout dévoué...

LE CHEVALIER. Monsieur jaloux ! — La jalousie est une haute et forte passion qui ne saurait trouver place dans cette âme médiocre.

NANTOUILLET, stupéfait. Vous dites ?...

LE CHEVALIER. Je dis que la seule prétention de Monsieur est son unique souci, c'est qu'il y ait beaucoup de monde aux réceptions du Palais-Royal, et que tout ce monde ne vienne pas pour Madame, mais pour lui. Et, s'il boude et querelle le succès de Madame, ce n'est pas parce qu'il en est jaloux, allez, c'est parce qu'on en est envieux.

NANTOUILLET, effrayé. Vous me faites frémir, chevalier. Si Monsieur apprenait ce que vous dites !

LE CHEVALIER. Je vous serais obligé, mon cher, de le lui redire. Hé! c'est ainsi que je le tiens; c'est ma façon de le flatter; c'est parce que je le rudoie que je le domine! Je vous livre le secret de ma faveur, marquis; seulement, je ne vous conseille pas d'en user.

NANTOUILLET. Miséricorde! vous traitez de la sorte Monsieur qui vous aime; comment parlez-vous de Madame, que vous n'aimez pas?

LE CHEVALIER, avec une amertume douloureuse. Madame! Oh! croyez-vous que je la méconnaisse? est-ce qu'on peut nier cet esprit, cette bonté, ce charme, l'invincible et innocent prestige qu'elle exerce sur tout et sur tous! Coquette sans le savoir, dangereuse sans le vouloir, son premier regard atteint l'âme, son premier mot demande le cœur.

NANTOUILLET. Oh! quel homme êtes-vous donc? Si vous admirez tant Madame, pourquoi êtes-vous son ennemi?

LE CHEVALIER. Pourquoi? Eh! parce que...

NANTOUILLET. Parce que?

LE CHEVALIER. Eh bien, vous le disiez tout à l'heure, parce que je ne l'aime pas.

SCÈNE IV.

LES MÊMES, PURNON.

LE CHEVALIER. Purnon! Vous pouvez parler devant le marquis. Vous avez vu ce François?

PURNON. En voici bien d'une autre, monsieur le chevalier! François les Bas-Bleus a disparu, et personne ne sait ce qu'il est devenu.

LE CHEVALIER. Disparu! et depuis quand?

PURNON. Depuis deux jours. Au reste, il paraît qu'il est coutumier du fait. C'est une espèce d'ahuri de distrait, faiseur de songes, diseur de contes, et sujet à des absences de plusieurs sortes.

LE CHEVALIER. Et on ne soupçonne pas où il peut être?

PURNON. On l'a cherché partout. Introuvable! Il est parti avant-hier matin en disant qu'il s'en allait élaguer des branchages au labyrinthe du château.

LE CHEVALIER. Au labyrinthe! — Nantouillet, la dame à l'agrafe, par qui donc déjà était-elle accompagnée à sa voiture?

NANTOUILLET. Par un jeune paysan. Oh! il y a là une trace! Expliquez-moi donc...

LE CHEVALIER. Purnon, M. de Guiche est-il informé de la disparition de François?

PURNON. Oui, et il a envoyé ici deux fois déjà. (Baissant la voix.) Précisément ce Comtois qui est à nous. — La seconde fois, il a fait dire qu'il allait venir lui-même.

LE CHEVALIER. Diantre! qu'il ne nous surprenne pas ici! Venez, marquis, venez.

NANTOUILLET. Mais vous m'expliquerez... (Garo sort de la maison.)

LE CHEVALIER. Oui, oui, le mystère se débrouille, et, quand je tiens un fil, j'ai tout l'écheveau. (Tous trois sortent sans regarder Garo qui leur fait force saluts.)

SCÈNE V.

GARO, puis LA MÈRE MICHAUD, BABICHON.

GARO, les regardant s'éloigner. V'là des gens bien occupés, ils ne font point attention au monde. Ah! ma tante et Babichon!

BABICHON. Garo, personne n'est venu?... Monseigneur?

GARO. Personne. (Babichon fait asseoir la mère Michaud.) Allons, consolez-vous, ma tante, François n'est pas arrivé, François arrivera, François arrive toujours. Vous savez qu'il n'a pas du tout le sentiment de l'horloge. Il s'est oublié, une fois, sept heures durant sur une échelle. Il est pris et distrait d'un rien, d'une pâquerette, d'une bête à bon Dieu, d'une mésange au nid, d'une fillette à la croisée, surtout des fillettes à leur...

BABICHON, à demi-voix. Ah çà! vas-tu médire à ma tante de François, à présent? Un grand enfant si doux, qui s'en va disant ce qu'il pense, ne pensant pas à ce qu'il fait, mais, au bout du compte, ne faisant de tort qu'à lui-même.

GARO. Oui, Babichon, oui, tu le défends parce que tu es bonne, mais tu m'épouses parce que tu ne l'es pas.

BABICHON, riant. Dame! à moins que ça ne soit parce que t'es bête, Garo.

GARO. Qu'elle a d'esprit, ma promise!

BABICHON. As-tu donné l'avoine à Marjolaine?

GARO. J'y vas! oh! je la soigne, ton ânesse, parce qu'elle te porte à la halle trois fois par semaine, et parce qu'elle est à toi.

BABICHON. Et à François.

GARO. Oui, mais je ne l'aime pas pour lui, ni pour elle, je l'aime pour toi. (Il sort par la porte de l'enclos.)

LA MÈRE MICHAUD. C'est tout de même! François n'est jamais resté si longtemps dehors. Et cette fois-ci, il savait bien où il allait et ce qu'il voulait. Il m'a dit en partant : Mère, tu me feras pour le coup de midi une bonne omelette au lard. — Oh! s'il n'a pas de mal, je vas le gronder de façon qu'il s'en souvienne. Ah! c'est que quand il n'est plus au logis, la vie n'y est plus, n'est-ce pas, petiote?

BABICHON. Ah! ma tante! regardez! (Paraît sur la pente de droite François, portant une longue faucille.)

LA MÈRE MICHAUD. Ah! lui! c'est lui! Et il n'est pas blessé!

BABICHON. Ni autrement malade, à ce qu'il paraît.

LA MÈRE MICHAUD. Seulement il a l'air un peu honteux et empêché, le pauvre gars!

BABICHON. Quelle raison va-t-il nous donner? J'en suis curieuse, par exemple!

LA MÈRE MICHAUD. Laissons-le venir et dire.

SCÈNE VI.

LES MÊMES, FRANÇOIS LES BAS-BLEUS. Il s'avance la tête penchée, d'un pas indécis. Les deux femmes l'attendent, les bras croisés, debout de chaque côté de la table. Il arrive au milieu d'elles, met ses deux mains sur la table, et les regarde.

BABICHON, après un silence. Eh ben?

LA MÈRE MICHAUD. Eh ben?

FRANÇOIS, souriant. Eh ben? et cette omelette?

BABICHON, les bras lui tombent. Ah!

LA MÈRE MICHAUD. Comment! cette omelette?

FRANÇOIS. L'omelette au lard — que j'avais demandée.

LA MÈRE MICHAUD. Mais quand l'as-tu demandée?

BABICHON. Il y a deux jours de ça!

FRANÇOIS. Deux jours! alors raison de plus pour que l'omelette soit cuite.

LA MÈRE MICHAUD. Tu n'as donc pas déjeuné, malheureux?

FRANÇOIS, se récriant. J'ai déjeuné, mère! — mais je crois que c'était hier soir.

LA MÈRE MICHAUD. Ah! le scélérat! (Courant à la maison et appelant.) Périne! Oh! elle est fâchée, la mère. Tu es fâchée aussi, Babichon. Ah! et moi donc alors, comme je suis fâché!

BABICHON. Oui, vous êtes fâché après, et vous recommencerez ensuite. D'où venez-vous, voyons?

FRANÇOIS. Eh! mais, du labyrinthe.

BABICHON. Et qu'est-ce que vous y faisiez?

FRANÇOIS. Dame! qu'est-ce qu'on fait dans un labyrinthe? on s'y perd. Faut croire que je m'y serai perdu.

BABICHON. Et comment ne t'y a-t-on pas trouvé? Ne t'en souviens-tu point?

FRANÇOIS. Qu'est-ce que tu veux, Babichon? mon cœur a pris toute ma mémoire.

BABICHON. Son cœur! gageons qu'il aura encore suivi le vent de quelque cornette.

FRANÇOIS. C'est gentil, une blanche cornette qui vole! Ah! Babichon, je ne sais pas si j'y mets du mien, mais je trouve qu'il y a une quantité étonnante de belles choses : les belles fleurs, les beaux fruits...

BABICHON. Les belles filles.

FRANÇOIS. Eh bien, quoi! une jolie joue me plaît comme une jolie pêche, et une jolie bouche comme une jolie cerise. J'aime ce qui est joli où est l'offense?

BABICHON. Si vous aimez toutes les jolies filles!

FRANÇOIS. Eh! mon Dieu! qu'est-ce que ça leur fait? Voilà monseigneur, M. de Guiche, qui les aime pour lui, mais moi je les aime pour elles. Sans intérêt, gratis. Et je les aime toutes, Babichon, en attendant qu'il y en ait une qui m'aime.

BABICHON. Et, en attendant, vous leur dites à toutes que vous les trouvez jolies?

FRANÇOIS. Dame! je ne sais pas mentir. Je t'ai dit aussi la vérité à toi, Babichon.

BABICHON. V'là un beau venez-y voir! il se perd dans les labyrinthes, il se parle tout seul, il oublie toujours sa bourse, souvent son chemin, quelquefois lui-même. Ah! comme il oublierait sa femme!

FRANÇOIS. Quant à ça!...

BABICHON. Va! va! tu es gentil, François, et de fin parler, mais tu n'es point de la farine dont on fait le pain de ménage : on ne peut pas manger tous les jours de la brioche. Tenez, il ne m'écoute déjà plus.

FRANÇOIS. Chut! j'écoute l'omelette. (Rentre la mère Michaud portant une omelette. Une servante le suit avec un couvert et une bouteille.) Hé! la voilà, cette omelette jolie!

LA MÈRE MICHAUD. Mangez, mauvais sujet.

FRANÇOIS. C'est égal! jolie omelette, tu es bien appétissante, et croustillante, et odorante, mais je ne te regarderai seulement pas que la mère ne m'ait embrassé.

LA MÈRE MICHAUD. Je ne vous aime plus.

FRANÇOIS. Menteuse!

LA MÈRE MICHAUD. Et je ne vous embrasserai pas.

FRANÇOIS. Et moi, tant pis! je ne mangerai pas! Tiens donc, il y a aussi deux jours que je jeûne de ton baiser! mes dents ont faim, mais mes lèvres ont la fringale!

LA MÈRE MICHAUD, l'embrassant. Ah! grand cajoleur! — Allons, maintenant tu es rassasié, mange.

BABICHON. V'là comme vous lui pardonnez, ma tante, quand...

FRANÇOIS. Tais-toi!

BABICHON. Quand vous disiez...

FRANÇOIS. Veux-tu te taire!

BABICHON. Que vous le gronderiez de façon...

FRANÇOIS. Ah! je te fermerai bien la bouche! (Il l'embrasse.)

GARO, qui survient. Eh bon! eh bon!

FRANÇOIS, se retournant. A ta santé, mon garçon!

BABICHON. Garo, qu'est-ce que tu veux qu'on lui dise?

SCÈNE VII.

Les Mêmes, GARO.

FRANÇOIS, attablé, et mangeant. Moi, je veux qu'on me dise, Garo, je veux qu'on me dise comment tout se comporte ici, nos plants, nos fleurs, nos arbres, et la Blanche, et Cabriole, et Marjolaine, enfin toutes les bêtes.

GARO. Merci, tout ça va bien, François.

FRANÇOIS. Les vendanges?

BABICHON. C'est demain l'ouverture.

FRANÇOIS. A-t-on des nouvelles de Monseigneur?

LA MÈRE MICHAUD. Eh! il est revenu de ce matin.

FRANÇOIS. Ah! il est revenu. Il est temps!

BABICHON. Il t'a fait demander.

FRANÇOIS. Il est tard! — Et, dites-moi la chose la plus importante, les pêches?

LA MÈRE MICHAUD. Oh! il y en a plus de vingt!

GARO. Dix-huit, ma tante; en v'là trois déjà qui seront trop mûres. Mais cette douzaine et demie là, oh! les fameuses de chez M. Fouquet n'étaient que de la Saint-Jean à côté!

FRANÇOIS. Eh bien, mais vous êtes tous de fameux étourdis! si c'est demain les vendanges, et si les pêches sont à point aujourd'hui, il faut que je les porte aujourd'hui à Madame.

LA MÈRE MICHAUD. Comment! mais tu arrives!

FRANÇOIS. Justement, j'arrive, la mère; j'arrive à l'heure, je repars à la minute. Qu'on dise encore que je ne suis pas exact!

LA MÈRE MICHAUD. Eh! alors il ne serait que temps de les cueillir, ces pêches! Allons, voyons, pendant qu'il finit de dîner, viens-t'en au clos, Babichon. Va nous chercher un panier, Garo.

GARO. Oui, ma tante.

LA MÈRE MICHAUD. Mais ne va pas encore t'oublier, François!

FRANÇOIS. Je ferai un nœud à mon mouchoir, la mère.
(La mère Michaud et Babichon entrent dans le clos de gauche. Garo monte à la maison.)

SCÈNE VIII.

FRANÇOIS, puis GARO.

FRANÇOIS, seul. Il s'accoude, pensif, sur la table. Madame! je vas revoir Madame! Ce sera la quatrième fois. Une grande fête qui ne revient que tous les ans. Est-elle belle? est-elle jolie? C'est étonnant, je n'en sais rien. Quand je l'appelle dans mon idée, je ne retrouve jamais bien sa figure, mais seulement son sourire et son regard. De quelle couleur même sont ses yeux? comment est sa bouche? Je ne pourrais pas le dire. Mais ce que je revois toujours, oh! toujours, c'est où apparaît le plus son âme, d'où vient sa douceur de cœur, où se montre sa bonté d'âme, la signature du bon Dieu, quoi! son regard et son sourire. (Garo rentre avec un panier.)

GARO, appelant mystérieusement. Hé! François! François! Brrr! déjà envolé!

FRANÇOIS, sans l'entendre, à lui-même. Aussi est-elle bien la plus belle habitante de ma pensée.

GARO, tirant une lettre. Une lettre, François, une lettre qu'un laquais tout d'or a apportée pour toi.

FRANÇOIS, à lui-même. Donner un peu sa vie pour elle, c'est ça qui serait heureux!

LA VOIX DE BABICHON, appelant. Garo!

GARO. Me v'là! (Il colle un papier au visage de François.) Mais regarde donc, à la fin! — Me v'là! (Il sort en courant.)

FRANÇOIS, seul. Qu'est-ce que c'est? (Lisant.) « Avez-vous retrouvé l'agrafe? Remettez-la au coureur. LAURE. » Ah! vertuchou! l'agrafe! — Laure! elle s'appelle Laure! et après? v'là tout ce que j'en sais. Et elle appartient à Madame... à Madame!

SCÈNE IX.

FRANÇOIS, MADEMOISELLE DE MONTALAIS.

MONTALAIS, à un vieux serviteur qui l'accompagne. Tenez-vous à l'écart, Rémy. Nous repartons dans quelques minutes. (Rémy s'éloigne. Elle s'approche de François et lui touche l'épaule.)

FRANÇOIS, se retournant. Vous, madame, vous! oh! quel bonheur!

MONTALAIS. Et le nœud de perles?

FRANÇOIS. Ah! le nœud de perles!

MONTALAIS. Est-ce que vous ne l'avez pas?

FRANÇOIS. Eh! mon Dieu, non.

MONTALAIS. Ainsi, il est perdu?

FRANÇOIS. J'en ai bien peur. Oui, je crois qu'il est perdu, allez, tout à fait perdu. On ne peut pas être plus perdu qu'il n'est perdu.

MONTALAIS. Vous m'aviez tant promis que vous le retrouveriez!

FRANÇOIS. Eh! je suis sûr et certain que je l'ai vu. Oui, je l'ai vu tomber, je l'ai vu par terre. Je le ramasserais, quoi!

MONTALAIS. Tête à l'envers! gageons que vous l'avez mal cherché.

FRANÇOIS. Oh! j'ai cherché, à ce qu'il paraît, vingt-quatre heures durant. J'ai refait tous vos pas dans tous les sentiers; j'ai recommencé tout seul la journée que vous avez passée là-bas. Je vous regardais, je vous entendais encore. Vous étiez d'abord en colère, et je tâchais de vous apaiser; je vous disais de patienter, et que celui pour qui vous veniez allait venir. Et puis, je vous voyais triste, et je tâchais de vous distraire; je vous faisais les honneurs du parterre et des branches, je vous étourdissais de tout ce qui me passait par la cervelle. La nuit venue, je me suis remis à veiller sous la fenêtre, comme si vous étiez encore là, et quand le ciel a blanchi et que les pinsons ont chanté, je me figurais que vous alliez reparaître au balcon et me dire d'aller voir après le carrosse. Et si, en vous penchant, vous aviez laissé tomber votre agrafe, je vous réponds que du coup je m'en serais aperçu.

MONTALAIS. Savez-vous, François, que vous n'avez pas les façons de parler d'un vilain! Et, quant aux façons de sentir, ah! je connais des gentilshommes à qui vous en pourriez remontrer.

FRANÇOIS. Oh! madame, je parle bonnement, je parle devant moi, suivant que les personnes me disent. C'est vrai que j'ai un peu appris le monde...

MONTALAIS. Ah! où donc?

FRANÇOIS. Eh! dans la *Bibliothèque bleue*, que j'achète aux foires. Avec ma mère, v'là ce qui m'a éduqué : c'est *la Belle Maguelonne*, et la *Patience de Grisélidis*, et le *Calendrier du berger*, et le *Trésor des chansons*. Et puis, les champs, les bois, — et les bêtes. V'là ce qui m'a fait ce que je suis, un Jean qui rêve, une espèce de songe-fête, qui ne va jamais que nulle part, qui ne regarde jamais qu'ailleurs, qui, tout bêchant ou bien greffant, amuse son travail avec des histoires de belles dames et de bonnes fées. Et, quand je n'en ai plus, je m'en invente moi seul à moi-même, allez! des contes, des contes de la couleur de mes bas! — V'là toujours comme je commence : « Il y avait une fois un paysan et une reine... »

MONTALAIS. Oh! c'est un peu hardi!

FRANÇOIS. Oui, mais il n'y a jamais que des commencements. Il est content de peu, mon rustaud; un petit pied qui passe, une menotte qui se dégante, un doux regard qui tombe sur lui en chemin, il n'en demande pas davantage. Ah! le joli commencement, par exemple, que j'ai eu avant-hier, un conte pour de vrai, une belle petite vivante image qui tout à coup m'apparaissait dans ce jardin du labyrinthe; — et puis, ça s'est un peu gâté; il y a eu des larmes, il y a eu cette agrafe qui ne s'est pas laissé retrouver... Voyons, il n'y a donc pas moyen d'en avoir d'autres, de ces perles? Ah! je voudrais être aussi riche que le roi! — pas pour être roi ni pour être riche, — mais pour vous en faire cadeau d'une pleine cassette, de perles, et même de diamants!

MONTALAIS. François!... Le singulier garçon avec son cœur généreux et ses grands yeux noirs! Vraiment! c'est dommage que...

FRANÇOIS. C'est dommage, pas vrai? qu'avec ses yeux noirs il ait ses bas bleus? (A part, soupirant.) Ah! mon pauvre François, brioche aux uns, pain noir aux autres... Avec tout ça, on reste sur la planche!

MONTALAIS. Vous dites?

FRANÇOIS. Je dis que je n'en suis pas moins votre beau serviteur, madame!

MONTALAIS. Eh bien, justement, François, je vais vous demander un service.

FRANÇOIS. A moi?

MONTALAIS. Vous avez occasion, n'est-ce pas, de voir M. de Guiche? Il vous permet de lui parler librement?

FRANÇOIS. Je vas même, à votre sujet, lui parler vertement, il y peut compter!

MONTALAIS. Oh! l'on n'entendra plus de moi contre lui ni plainte, ni menace. Je ne veux pas même savoir s'il va revenir ou s'il est revenu. Je vous prie seulement, François, de lui proposer de ma part un échange. On a une terrible manie à la cour du roi Louis XIV : comme on n'ose pas parler, on écrit, — danger plus grave encore. — J'ai de M. de Guiche des lettres, qui me compromettent un peu, c'est vrai, mais qui le compromettraient bien davantage : il s'y exprime plus que légèrement sur le roi, sur le grand Alcandre, comme il l'appelle...

FRANÇOIS. Ah! le malheureux!

MONTALAIS. M. de Guiche, lui, n'a de mon écriture qu'une date en chiffres que je lui avais envoyée à Péronne. Mais il aura cette agrafe, puisque vous n'avez pas pu la retrouver, et je n'entends pas qu'il s'en fasse un trophée.

FRANÇOIS. Oh! vous supposeriez...

MONTALAIS. Enfin, qu'il me rende ce nœud de perles, et je lui rendrai ses lettres.

FRANÇOIS. Il est clair comme le jour que là-dessus c'est à vous d'ordonner, madame!

MONTALAIS. Voici, pour commencer, la clef du pavillon. Je l'avais emportée par mégarde, et M. de Guiche peut en avoir besoin d'un jour à l'autre. Cependant, avant de la lui remettre, cherchez une dernière fois ce bijou, François... Vous ne l'avez pas perdu, certainement, mais enfin cherchez-le encore. (Lui remettant la clef.) Tenez, et n'allez pas non plus oublier ou perdre cette clef, étourdi!

FRANÇOIS. Soyez tranquille! je n'ai pas de mémoire, mais j'ai une poche, oh! une bonne poche, allez! Et ce que j'y mets... (Il fourre la clef dans sa poche.) Tiens! qu'est-ce que j'y sens donc? (Il tire l'agrafe de perles.)

MONTALAIS. Mon agrafe!

FRANÇOIS. Là! quand je vous disais : je la vois tomber, je la ramasserais! — Je l'avais ramassée!

MONTALAIS. Oh! quelle tête!

FRANÇOIS. Oui, mais quelle poche!

MONTALAIS. Ah! mon bon François, mon ami, merci! que je suis contente! Madame pourra me voir cette agrafe, et M. de Guiche ne pourra pas la trouver.

FRANÇOIS. Mais... les lettres?

MONTALAIS. Ne lui en parlez pas. Parlez-lui très-peu de cette journée du pavillon. Parlez-lui de moi le moins possible.

FRANÇOIS. Mais...

MONTALAIS. Mais on pourra vous le dire, et il faudrait... Avant de vous quitter, encore un mot.

FRANÇOIS. Vous me quittez? je ne vous verrai plus?

MONTALAIS. Au contraire, il se trouve que vous allez me revoir, et même avant qu'il soit peu.

FRANÇOIS. Où donc? comment?

MONTALAIS. Vous ne le savez pas encore?

FRANÇOIS. Mais non.

MONTALAIS. Eh bien, vous ne tarderez pas à le savoir. — Ah! voilà déjà que vous vous réjouissez.

FRANÇOIS. Qu'est-ce que vous craignez? Je ne sais pas même votre nom.

MONTALAIS. Mais on pourra vous le dire, et il faudrait...

FRANÇOIS. Il faudrait ne pas le demander, n'est-ce pas? Il faudrait vous voir et ne pas vous connaître? C'est bien, je comprends. — Rien ne m'arrive à moi, vous savez, de réel. Je m'étais commencé une bien jolie histoire, l'autre jour, j'oublierai que l'histoire est vraie, je me souviendrai seulement que je l'ai rêvée.

MONTALAIS. François! vous avez en moi une amie. J'aurai peut-être l'occasion de vous le prouver. (Le vieux domestique reparaît.) A présent, laissez-moi partir, et ne retournez pas la tête. Au revoir et à bientôt. (Elle sort.)

SCÈNE X.

FRANÇOIS, PUIS GUICHE.

FRANÇOIS, seul. Au revoir! à bientôt! une suite à mon commencement? — Oh! mais, en attendant, elle en veut à ce cher vilain seigneur. Bah! dépit de femme, brume du matin, ça s'envole au premier rayon. (Entre Guiche.)

GUICHE, apercevant François. Ah! mon François! — Te voilà donc enfin, malheureux!

FRANÇOIS. Monseigneur! ah! vous arrivez bien!

GUICHE. Tiens! est-ce que c'est lui qui va me gronder?

FRANÇOIS. Je crois bien! vous, faire une injure à une femme! vous!

GUICHE. Ah! tu l'as vue? elle est venue, François? qu'est-ce qu'elle a dit?

FRANÇOIS. Elle a dit que vous n'étiez pas revenu exprès, parce que vous saviez qu'elle devait venir.

GUICHE. Il y a du vrai là dedans.

FRANÇOIS. Elle a dit que vous en aimiez sûrement une autre. Elle a dit que vous vous en repentiriez.

GUICHE. A-t-elle dit qu'auparavant elle s'en consolerait?

FRANÇOIS. Non, elle ne l'a pas dit.

GUICHE. Eh bien, va, elle le fera.

FRANÇOIS. Dieu du ciel! comment, vous qu'on aime pour de bon, pouvez-vous aimer pour de rire?

GUICHE. Ah! mon brave François! cœur de l'âge d'or, crédule comme un enfant, fidèle comme un homme, que je t'aime et que tu m'amuses! Tu es un vrai gentilhomme naturel, François! Tu te fais de belles imaginations de ce qui devrait être, mais tu ne sais rien, rien du tout de ce qui est. Aussi, qu'est-ce qu'il t'arrivera, mon fils? tu feras toujours peur aux femmes avec tes respects. Tu les estimes trop! elles n'auront jamais assez de monnaie pour te rendre tes avances.

FRANÇOIS. Alors vous croyez que l'abandonnée d'hier ne vous aimait pas?

GUICHE. Elle ne m'aimait pas quand je lui demandais de m'aimer. Elle m'a peut-être aimé quand je ne le lui demandais plus. Et maintenant que, de peur de déplaire à une autre, je viens de l'offenser, elle, — oh! il se peut très-bien qu'elle m'adore.

FRANÇOIS. Ainsi, c'est vrai, vous en aimez une autre?

GUICHE. Ah! est-ce que j'oserais dire que je l'aime? Non! mais il a lui devant moi un espoir, un rêve, oh! insensé, dangereux, mais si brillant, si tentant! étoile ou feu follet, il a fallu le suivre, et, s'il ne me conduit pas à ma chute, vive Dieu! le paradis qu'il laisse entrevoir est si beau, que pour m'en être seulement approché, tout ce qu'il y a d'illustre et de grand à la cour, ducs, princes, et le roi lui-même, le roi surtout, devra me porter envie!

FRANÇOIS. Ah! voilà le grand mot : être envié! C'est toujours de la vanité, votre amour.

GUICHE. Eh! non, c'est l'audace du cœur! Mais tu ne me comprendrais pas, François, et je ne tiens pas à ce que tu me comprennes. Parlons d'autre chose, de toute autre chose. Veux-tu me rendre un grand service?

FRANÇOIS. Tiens! c'est donc mon jour.

GUICHE. Le veux-tu?

FRANÇOIS. Vous le demandez.

GUICHE. Eh bien, tu sais que Monsieur m'a interdit sa présence, et que désormais le Palais-Royal m'est fermé. François, tu vas me le rouvrir.

FRANÇOIS. Moi!

GUICHE. Écoute. On a chez toi pour Madame une sorte de culte, n'est-ce pas?

FRANÇOIS. Pardine! Henri IV soupant chez le père Michaud jeune, Madame secourant le père Michaud vieux, de quoi voulez-vous qu'on parle et qu'on reparle à la maison, si ce n'est de ces souvenirs-là, du bon grand roi et de sa petite-fille?

GUICHE. C'est vrai aussi, ami, que par le cœur elle lui ressemble! Oui, elle a tout son attrait de bonté, d'enjouement, d'esprit, avec l'enchantement de la femme en plus. Elle est Henriette comme il était Henri.

FRANÇOIS, inquiet, à lui-même. Ah! mon Dieu!

GUICHE. Et quand on était habitué à la voir et à l'entendre chaque jour, ne plus l'entendre et ne plus la voir, François, c'est un supplice. On ne s'amuse plus du tout à Versailles, depuis que le roi tourne au maître ; et nous nous entendions si bien, Madame et moi !

FRANÇOIS. Vous vous entendiez ?

GUICHE. Son esprit à elle est tout indulgence, mais enfin elle aime sourire, et de quel sourire charmant !

FRANÇOIS. Je le sais.

GUICHE. Alors, pour la faire sourire, moi, je lui donnais la comédie du prochain ; et, quand elle m'imposait silence, je la lui écrivais, sur tout et sur tous. Par exemple sur un fâcheux qui me porte quelquefois ombrage, un certain grand Alcandre...

FRANÇOIS. Mais c'est donc une maladie chez vous ?

GUICHE, riant. Incurable ! Et cependant toutes ces folies la reposaient de l'étiquette, la pauvre princesse ennuyée. C'est pourquoi je me figure que si tu fais aussi un peu faute, et c'est pourquoi tu vas m'aider à me rapprocher d'elle.

FRANÇOIS. Oh ! quelle peur vous me faites !

GUICHE. Eh ! rien n'est plus innocent, tu vas voir. — C'est vers ce temps-ci que tu portes au Palais-Royal ton panier de pêches ?

FRANÇOIS. Oui, — c'est même aujourd'hui.

GUICHE. Vivat ! eh bien, je vais revêtir mon costume des vendanges, arborer des bas à tes couleurs, demander Purnon de ta part, et pénétrer en hardi corsaire chez Madame, sous le nom et le pavillon de François les Bas-Bleus.

FRANÇOIS. Miséricorde ! vous êtes donc bien sûr de ce Purnon ? sûr qu'il ne refusera pas ?...

GUICHE. Je suis sûr qu'il ne refusera pas deux cents pistoles.

FRANÇOIS. Oh ! vous jouez là un jeu bien dangereux, pas moins !

GUICHE. Eh ! le danger, le roman, l'aventure, c'est le charme ! Madame va être enchantée ! C'est jour d'appartement au Palais-Royal, la cour sera là, le roi ; tant mieux ! quelle solitude que la foule ! Je saisis une échappée, je vois Madame seule, je lui parle, je lui demande à mon tour... Ah ! si tu savais ce que je lui demande, François, toi qui serais content ! Mais, en attendant, cela ne te fait rien, je pense, de me céder pour aujourd'hui ta place.

FRANÇOIS. Ah ! vous pensez ? — Mais vous allez donc vous charger de nos pêches ?

GUICHE. Oh ! j'ai peur d'être un peu gauche, moi, à porter ton panier, et Madame m'accueillerait peut-être pour moi-même.

FRANÇOIS, tristement. Alors, Madame ne recevrait même pas notre redevance de cette année ?

GUICHE. Allons ! tu y tiens ?

FRANÇOIS. Dame !

GUICHE. Eh bien, je les prendrai, tes pêches ; nous aurons peut-être le temps d'y goûter. Mais sont-elles prêtes, au moins ?

FRANÇOIS. La mère arrive de les cueillir.

SCÈNE XI.

LES MÊMES, LA MÈRE MICHAUD, BABICHON ET GARO.

LA MÈRE MICHAUD. Ah ! mon cher enfant, mon cher seigneur !

GUICHE. Bonjour, mère nourrice, bonjour, — et adieu. François vous expliquera que je m'en vais moi-même faire porter vos pêches à Madame.

FRANÇOIS. Oui, comme c'est facile à expliquer !

GUICHE. Nous venons, nourrice, de nous faire un peu de morale, votre fils et moi ; mais c'est égal ! il a l'esprit vagabond, moi le cœur, et nous calomnions singulièrement votre honnête lait, bonne mère, il a nourri deux bons étourneaux ! (Il sort en riant.)

SCÈNE XII.

FRANÇOIS, LA MÈRE MICHAUD, BABICHON, GARO.

LA MÈRE MICHAUD. Ah ! le cher seigneur, toujours vif et gai !

FRANÇOIS. Le bon Dieu le bénisse !

LA MÈRE MICHAUD. Vite, Babichon, allons arranger le panier. Garo, cours seller Marjolaine. Viens-tu, François ? (Sortent la mère Michaud, Babichon et Garo.)

FRANÇOIS. J'y vas. (Marchant à grands pas.) Distrait, on m'appelle distrait ! c'est-à-dire que je suis mon idée de si bon cœur que je n'en peux suivre qu'une à la fois. Mais quand il s'en présente quatre, cinq, Madame, Monseigneur, Laure, les pêches...

SCÈNE XIII.

FRANÇOIS, LE CHEVALIER, s'enveloppant d'un manteau, PURNON.

LE CHEVALIER, bas à Purnon. Allez ! je veux être là, à tout risque. (Il reste au fond, Purnon aborde François.)

FRANÇOIS, à part. Qu'est-ce encore que celui-là ?

PURNON, regardant aux jambes de François. Vous êtes François les Bas-Bleus ?

FRANÇOIS. Comme vous voyez.

PURNON. Je suis Purnon, le maître d'hôtel.

FRANÇOIS. Ah ! celui qui reçoit ?...

PURNON. ... Tous les ans votre panier de pêches.

FRANÇOIS, regardant le chevalier avec inquiétude. Vous avez là quelqu'un ?

PURNON. Un ami à moi.

FRANÇOIS. Un homme bien enveloppé !

PURNON. Je viens de la part de Madame.

FRANÇOIS, avec un cri. De Madame ! (Se reprenant.) Ah ! de Madame ?

PURNON. Oui, elle veut vous voir et vous parler, et elle vous demande de venir aujourd'hui, ce soir, vous-même, apporter vos pêches au Palais-Royal.

FRANÇOIS. Tiens ! Madame a donc eu la même idée...

LE CHEVALIER, se rapprochant. La même idée ?...

FRANÇOIS. La même idée que moi. J'allais me mettre en route pour la porte Saint-Honoré. On me selle mon âne.

PURNON. Ainsi, vous venez ?

FRANÇOIS. Tout de suite.

PURNON. Pas d'empêchement d'autre part ?

FRANÇOIS. De nulle part.

PURNON. Pas de contre-ordre possible ?

FRANÇOIS. Et de qui donc ?

PURNON. Vous venez, vous arrivez, vous demandez Purnon, c'est compris.

FRANÇOIS. Et convenu.

PURNON. Eh bien mais, voilà tout alors ?

FRANÇOIS. Voilà tout.

PURNON. A bientôt.

FRANÇOIS. A tout à l'heure.

PURNON, en s'en allant, au chevalier. On a raison de dire que ce garçon-là est un simple ! (Ils sortent.)

SCÈNE XIV.

FRANÇOIS seul, puis GARO, LA MÈRE MICHAUD ET BABICHON.

FRANÇOIS, seul. Autres fils à retordre ! il y a quelque fichaise là-dessous. Ce que madame Laure m'avait annoncé, cette idée de mon maître qui, dans le même temps, tombe à Madame, ce Purnon qui tâtonne, ce manteau qui écoute... mon cher seigneur court à un danger ! il va se faire mettre à la Bastille ! Où aller pour le servir ? Au château, il me renverra ; au Palais-Royal, il me trouvera. Où serais-je joyeux d'aller ? au Palais-Royal. Eh bien, la joie c'est l'instinct. (Rentre Garo, conduisant une ânesse toute sellée.) Ah ! te voilà, Marjolaine, tu m'amènes Garo.

GARO. Plaît-il ?

FRANÇOIS. Merci. (La mère Michaud et Babichon rentrent, apportant le panier de pêches.) Le panier ! très-bien ! (Bas en embrassant.) Adieu Babichon ! adieu la mère ! (Il se met en selle et fait tourner Marjolaine à gauche.)

LA MÈRE MICHAUD. Ah çà ! tu ne vas pas au château par là ?

BABICHON. Tu laisses Marjolaine tourner vers Paris.

FRANÇOIS. Si c'est son idée !

GARO. Il croit à Marjolaine, à présent !

FRANÇOIS. Comme à l'ânesse de Balaam ! A la grâce ! Martin veut ce que veut son âne. (Il pique des deux Marjolaine, et part au grand trot.)

ACTE DEUXIÈME.

Salon au Palais-Royal dans l'appartement de Madame. A droite, et à gauche, petite porte au premier plan, grande porte au second. Au fond, trois portes donnant sur une galerie illuminée.

SCÈNE PREMIÈRE.
LE CHEVALIER, PURNON.

LE CHEVALIER. Où est François les Bas-Bleus?
PURNON. Là, dans le vestibule.
LE CHEVALIER. Et M. de Guiche?
PURNON. Caché dans mon logement, où il me fait demander.
LE CHEVALIER, à lui-même. Ainsi il est venu, il a osé venir! Ils ne s'étaient pas entendus, et ils étaient d'accord! — Oh! je souffre!... Allons! je souffrirai après, il faut lutter. (Haut.) Écoutez, Purnon.
PURNON. Monsieur le chevalier voudra bien considérer...
LE CHEVALIER. Que je ne dois pas compromettre les apparences et vos profits... c'est bien. Vous introduirez ici ce François, le vrai.
PURNON. Mais l'autre?
LE CHEVALIER. Purnon, il y a deux cents louis pour vous : disposez les choses de telle sorte que Madame voie seulement François les Bas-Bleus et que le roi voie immanquablement M. de Guiche. (Il sort par le fond.)
PURNON. Deux cents louis! peste! il s'agit de combiner adroitement une maladresse. (Ouvrant la seconde porte de droite.) Entrez.

SCÈNE II.
FRANÇOIS, portant le panier de pêches, PURNON.

FRANÇOIS. Me voilà! — Ah! c'est chez Madame ici, n'est-ce pas, monsieur Purnon?
PURNON. Vous le voyez bien! — Mais non, il ne voit pas, il ne voit rien, ni les dorures, ni les lumières, ni...
FRANÇOIS. Les dorures, oui, c'est gentil; ça imite assez les feuillages de la Saint-Martin quand le couchant donne dessus. Pour ce qui est des chandelles (lui poussant le coude et riant), on croirait que vous n'avez jamais regardé le soleil. (Purnon hausse les épaules et se frappe le front.) Est-ce que j'ai dit des enfances? Dame! les autres chez nous trouveraient peut-être tout ça autrement beau ; mais moi, c'est vrai, j'ai des manques. (Un laquais vient d'apporter une assiette de vermeil sur laquelle Purnon se met à disposer les pêches.) Hé là! qu'est-ce que vous faites, vous?
PURNON. C'est pour le souper de Monsieur.
FRANÇOIS. Et de Madame? Oh! s'ils sont à table, qu'ils ne se dérangent pas! (Aidant Purnon.) Posez-moi ça délicatement. Là! cette belle-là, c'est pour Madame. (Au valet.) Entendez-vous? pour Madame! (Le laquais sort emportant l'assiette.)
PURNON. Hé! Monsieur mange toujours seul.
FRANÇOIS. Ah! les pêches n'étaient que pour Monsieur! Ils font donc table à part? Dieu! comme mon pauvre s'ennuierait tout seul! Enfin, il reste douze pêches. Où est Madame, hein, que je les lui porte?
PURNON. Il faut d'abord que je vous annonce.
FRANÇOIS. Bah! mes pêches m'annonceront.
PURNON. Vous croyez donc que vous allez parler à Son Altesse comme à Javotte?
FRANÇOIS. Eh! mais! je lui parle gentiment à Javotte! — Monsieur Purnon, voyons, où est Madame?
GUICHE, survenant. Voyons, où est Madame?

SCÈNE III.
FRANÇOIS, PURNON, GUICHE, en paysan, avec des bas bleus.

FRANÇOIS. Monseigneur!
GUICHE. François les Bas-Bleus!
FRANÇOIS. Les deux font les deux paires!
GUICHE. Ah çà! qu'est-ce que tu fais ici, toi?
FRANÇOIS. Dame! moi, je suis invité.
PURNON. En effet, monsieur le comte, je suis allé chercher ce garçon de la part de Madame.
GUICHE, avec joie. De sa part! de sa part! — Ah! c'est autre chose! Au fait, ta présence, François, pourra me servir et donner le change. Je suis content de te voir, très-content.
FRANÇOIS. Ah! eh bien, Marjolaine avait donc raison!
GUICHE. Purnon, Madame est-elle seule en ce moment?
PURNON, vivement. Oh! non! non! Madame a auprès d'elle sa filleule, vous savez, cette petite Nicolette, la fille du défunt jardinier des Carmélites, et aussi, je pense, mademoiselle de Montalais.
GUICHE. Impossible, en ce cas, de me présenter maintenant. Écoutez, Purnon, je vais rentrer chez vous avec François, et puis voilà votre consigne, et cinq cents pistoles au bout : vous vous arrangerez pour que je puisse voir Madame seule, et pour que le roi ne puisse voir que François.
PURNON. Diantre!
FRANÇOIS. Le roi, bon! mais je verrai aussi Madame?
GUICHE. Ne crains rien, et je suis-moi.
FRANÇOIS. Oh! je ne crains rien. Seulement, j'emporte mes pêches. (Ils sortent.)
PURNON, seul. Cinq cents pistoles, deux cents louis, — enjeu égal! Mais je ne peux pas les gagner tous les deux. — Ma foi! que le hasard décide à ma place. (Voyant la porte de gauche s'ouvrir.) Madame! Je laisse le terrain libre, et je reste neutre. (Il sort par le fond.)

SCÈNE IV.
MADAME, MONTALAIS, NICOLETTE.

MADAME. La bonne journée! J'ai causé ce matin une heure avec Molière, et cet homme-là... les autres déclament ou bavardent, lui seul il parle. Ensuite, Nocret m'a apporté les dessins de deux costumes, oh! mais charmants! pour le ballet des Vendanges que je vais donner au Roi à Saint-Cloud. Et enfin ton babil d'oiseau, ma Nicolette, m'a amusée toute cette après-midi. Tu es ravissante, mignonne, sais-tu cela?
NICOLETTE. Non, Madame.
MADAME. N'est-ce pas, Montalais, qu'elle est ravissante?
MONTALAIS. Madame est sa marraine, elle l'a douée comme une fée qu'elle est.
MADAME. Chère Montalais!... il n'y a qu'avec vous et avec elle que j'ose m'épanouir, être gaie, être vraie, être moi-même! Quand je la vois, cette petite, je revois mon enfance, le jardin des filles de Sainte-Marie de Chaillot, le brave Antoine, son père, qui me réservait ses plus belles roses, les jours d'hiver sans feu et, quelquefois sans pain qui ont suivi la mort du roi Charles Ier, mon père, mais aussi les jours de printemps où je courais à l'air et au soleil. Ah! comme la grande princesse regrette la petite fille! Aussi, quand tu es là, ma petite compagne d'enfance, je ressens... ce que doit ressentir une fauvette en cage qui écoute et suit des yeux une fauvette en liberté.
NICOLETTE. Oui, mais Votre Altesse veut me marier, pas moins!
MONTALAIS, avec intention, observant Madame. Nous marier!
MADAME. Eh! ma chère Laure, c'est vous qui avez accueilli le marquis de Nantouillet. A défaut d'une grande naissance, il a une grande fortune, il vous aime, il vous aime sincèrement, et, croyez-moi, être aimé, c'est la chose rare.
MONTALAIS. Oui, je le crois. Mais être aimé en aimant soi-même.
MADAME. Oh! cela, Montalais, c'est la chose impossible. — Quant à toi, Nicolette, vois-tu, j'avais six ou sept ans quand on m'a demandé d'être ta marraine, et j'ai accepté ma dignité avec un sérieux, il a fallait voir! Mais mon vrai bonheur, c'était de t'attifer de mes atours comme une poupée vivante, et je t'avouerai que je meurs encore d'envie de t'arranger dans ta robe de mariée. Mais j'imprends ton temps, ma petite, tu n'épouseras que celui qui te plaira.
NICOLETTE, gravement. Il n'y aura jamais qu'un homme qui me plaira, Madame.
MADAME. Ah! et lequel?
NICOLETTE. Mon cœur est à vous tout entier, je n'aime que vous au monde, et je suis bien déterminée à n'épouser que quelqu'un qui vous aimera comme moi.
MADAME. Hélas! tu cours risque d'attendre, mon enfant.

SCÈNE V.
LES MÊMES, PURNON, qui reste au fond.

MADAME. Qu'y a-t-il, Purnon?
PURNON. Un message de Monsieur pour Son Altesse.

MADAME. De Monsieur! Parlez vite.
PURNON. Monsieur part ce soir, après la réception, pour Villers-Cotterets. Il fait prier Son Altesse de vouloir bien lui réserver, avant son départ, un moment d'entretien.
MADAME. C'est Monsieur lui-même, Purnon, qui vous a donné cette commission?
PURNON. Non, Madame.
MADAME. Qui donc alors?
PURNON. C'est monsieur le chevalier de Lorraine.
MADAME. Ah! c'est?...
NICOLETTE. Madame a changé de visage!
MONTALAIS. Qu'a donc Madame? Madame n'a rien à craindre!
MADAME. Rien de Monsieur, Montalais, mais de celui qui fait penser et agir Monsieur!... Ah! personne ne le connaît et ce qu'il a dans l'âme. Après une séparation de quinze jours, cet entretien!... — Montalais?
MONTALAIS. Votre Altesse?
MADAME. Ce pli cacheté, ces lettres que je vous ai remises, elles sont chez vous, n'est-ce pas? elles sont bien en sûreté?
MONTALAIS. Oui, Madame. Que Madame s'en fie à moi.
MADAME. Plus qu'à moi-même, vous le voyez, ma chère Laure. C'est bien, merci. — Purnon, vous direz à Monsieur, — à Monsieur en personne, vous entendez, — que je l'attendrai après la réception. Allez. Qu'y a-t-il encore?
PURNON. Madame m'avait donné ce matin un ordre?...
MADAME. Oui, eh bien?
PURNON. François les Bas-Bleus est là, Madame.
MADAME. Ah! s'il est là, je le verrai dans un moment. (Purnon s'incline et sort.) Tiens, Nicolette, ma petite pensionnaire, tu vas pouvoir emporter au couvent de belles pêches, tu sais, comme l'an dernier. — Montalais, le Roi va arriver, et vous n'êtes pas tout à fait prête. Allez, et emmenez Nicolette.
(Sortent par la gauche Montalais et Nicolette.)

SCÈNE VI.

MADAME, PUIS GUICHE.

MADAME, seule. J'avais aujourd'hui, par moments, oublié d'être triste; on dirait que, chaque fois que cela m'arrive, quelque chose punit mon sourire. (Entre Guiche. — Sans se retourner.) Ah! c'est vous, mon garçon?
GUICHE. C'étions moi-même, Madame, pour vous servir!
MADAME, avec un cri de surprise et de joie. Ah! cette voix!
GUICHE, d'une voix très-douce. Pour vous servir.
MADAME, riant d'un rire nerveux. Ah! ah! ah! l'étrange mine que vous donne cet habit!
GUICHE, riant. Ah! oh! suis-je un assez parfait manant?
MADAME. Mon Dieu! voilà que je ris encore, quand je devrais seulement vous gronder. Que signifie ce déguisement, cette folie? Purnon qui me disait que François les Bas-Bleus...
GUICHE. Eh! il est là, François les Bas-Bleus, le véritable, prêt à paraître au premier signe, et se substituer à son Sosie. Il n'y a pas de danger, Madame, pas l'ombre de danger!
MADAME. Mais enfin, pourquoi êtes-vous venu? pourquoi?
GUICHE. Comment! Madame, après quinze éternels jours d'exil au fond de la Picardie!
MADAME. Ah! vous êtes resté tout ce temps en Picardie, chez votre père?
GUICHE. Tout ce temps, Madame! quinze jours, quinze siècles! Foi de gentilhomme, ce matin encore, je maugréais après mes postillons dans les brouillards de l'Oise.
MADAME. Ah! c'est bien — Qu'est-ce que je vous disais?... Non, c'est vous qui ne me dites toujours pas pourquoi vous voilà ici, dans ce costume, dans ce péril?
GUICHE. Eh! Madame, pour vous voir, c'est-à-dire pour vivre.
MADAME, le menaçant du doigt. Vous oubliez notre traité.
GUICHE. Du tout, Madame! — « Article 2 : M. de Guiche n'aime personne d'amour; personne! Il n'a pour Madame qu'une sincère et respectueuse amitié. » Mais depuis quand, après si longue et si lointaine séparation, l'ami n'a-t-il point hâte de revoir son ami?
MADAME. A la bonne heure! Mais, grand Dieu! si le chevalier de Lorraine soupçonnait seulement votre présence!
GUICHE. Le chevalier! je ne m'en soucie guère. Vous savez que je ne crains ici que le roi, Madame.
MADAME. Eh bien, oui, le roi...
GUICHE. Oh! mais quand je dis que je le crains, vous savez aussi que ce n'est pas pour moi, que c'est pour vous.
MADAME. Le fou! encore cette pensée! Jaloux du roi! mais, en vérité, quelle raison... je veux dire quel droit avez-vous de l'être?
GUICHE. Ah! merci!
MADAME. Et, maintenant, — vous vouliez me voir, — partez, puisque vous m'avez vue.
GUICHE. Eh bien, oui! mais quand vous reverrai-je?
MADAME. Oh! par grâce, ne venez plus!
GUICHE. Soit; mais pourquoi ne pas venir, vous?
MADAME. Que voulez-vous dire?
GUICHE. Ne vous rappelez-vous pas ce que je vous contais de nos parties de vendanges à la vigne de François les Bas-Bleus, et les charmants projets que nous bâtissions là-dessus en riant?
MADAME. Oui, en riant.
GUICHE. Madame, les vendanges ouvrent demain, Monsieur part ce soir pour Villers-Cotterets, le roi chasse toute la semaine à Marly, vous serez seule, Madame! vous serez libre!
MADAME. Mais, malheureux! tenter un pareil risque!
GUICHE. Oh! un risque tout petit, Madame, un risque qui vous amusera, et voilà tout; car, au fond de votre âme charmante, il est resté beaucoup de la jeune fille et un peu de l'enfant. Venez donc, venez un jour à ces vendanges, Madame. Je ne veux pas du tout vous parler de moi; mais, vraiment, s'échapper un matin, furtive et frémissante, sous un déguisement qui vous cache aux autres et vous change à vous-même, vivre quelques heures d'une vie inconnue, faire une fois la cour buissonnière, mordre à la grappe défendue avec un brin de scrupule, mais pas l'ombre d'un remords, et rentrer le soir ravie de ce jour d'oubli, de courage et de gaieté, sans avoir après tout fait tort qu'à l'ennui, — quel innocent et doux souvenir à arranger, Madame! Venez! venez! Vous venez, n'est-ce pas?
MADAME. Le tentateur! ah! si j'osais!... Vraiment, vous me répondez qu'il n'y aurait aucun danger sérieux? Vous ne me tromperiez pas?
GUICHE. Vous tromper! vous! le jour où, dans la chose la plus indifférente, je vous tromperai, méprisez-moi! (On entend battre aux champs.)
MADAME. Ah! le roi arrive! Partez, vite!
GUICHE. Oui, mais je reviendrai chercher votre réponse.
MADAME. Non! écoutez...
GUICHE. Laissez faire! je sais très-bien jouer à cache-cache. (Il sort en courant par la droite.)
MADAME, seule. Oh! l'imprudent! l'imprudent!... (Elle rentre chez elle par la porte de gauche.)

SCÈNE VII.

FRANÇOIS, PURNON,
PUIS LE ROI, LE CHEVALIER, NANTOUILLET,
DAMES ET SEIGNEURS.

PURNON. Je vous dis de rentrer, et que voilà le roi.
FRANÇOIS. Non, non, mes pêches s'ennuient! Et puisque M. de Guiche désire que je voie Sa Majesté...
PURNON. Oui, mais l'étiquette! l'étiquette! Impossible que le roi vous aperçoive sur son passage!
FRANÇOIS. Pourquoi? je suis bien aussi beau que vous!
PURNON. Vous mêler à tous les seigneurs! y pensez-vous?
FRANÇOIS. Eh bien, quoi! les cordons bleus, les bas bleus, on n'y verra rien!
PURNON. L'entêté, mais l'étiquette!... Ah! le voi trop tard! (Entrent par la droite le roi, le chevalier et Nantouillet. Gentilshommes et dames sur leur passage.)
NANTOUILLET, entrant, au roi. ...Voilà l'énigme, Sire, Votre Majesté saura bien trouver le mot.
LE ROI. Oui, certes, nous le trouverons. Voyez-vous, voyez-vous, ce Guiche! Je raffole de la chasse aux mystères. (Ses yeux tombent sur François, qui se fait tout petit derrière un guéridon où il a posé son panier de pêches.) Tiens! quel est ce rustique?
FRANÇOIS, interdit. Sire!... Majesté!... des pêches.
LE ROI, ne voyant plus que les pêches. Oh! les magnifiques pêches! je n'en ai jamais vu d'aussi belles, pas même à Vaux! Purnon, j'en prends la moitié à Monsieur.
FRANÇOIS. Ah!
LE ROI. Allons toujours commencer notre revue, messieurs. L'important serait de pouvoir reconnaître le fameux bijou.
LE CHEVALIER. Sire, le marquis a retenu des particularités certaines... (Le roi, le chevalier et Nantouillet sortent par la porte du fond.)

SCÈNE VIII.

FRANÇOIS, PURNON, PUIS NICOLETTE.

FRANÇOIS. Ah! j'ai vu le roi tout de même! moi qui me le figurais trois fois grand comme moi! En attendant, il ne reste plus que six pêches.
PURNON. Fi! quand le roi a daigné les désirer! (Il sort par la droite emportant les six pêches.)
FRANÇOIS. Moi, j'aurais mieux aimé que ce soit la reine. (Paraît Nicolette sur le seuil de la porte de gauche. Rémy l'accompagne.) Oh! la jolie petite mignonne beauté!
NICOLETTE, envoyant des baisers vers la porte ouverte. Adieu.
FRANÇOIS. Tiens! tiens!
NICOLETTE. Je vous aime, et puis, je vous aime.
FRANÇOIS, à part. Oh! pour qu'elle dise ça de mon côté, qu'est-ce que je ne donnerais pas!
NICOLETTE, sans voir François, aperçoit le panier sur le guéridon. Ah! eh bien, les voilà, ces pêches! ah! elles sont superbes! (Elle met le panier sous son bras, et sort par la droite avec Rémy.)

SCÈNE IX.

FRANÇOIS, PUIS MADAME.

FRANÇOIS, seul. Oh! les chérubins doivent avoir cette figure-là! Seulement, il paraîtrait qu'on aime aussi les pêches en paradis. Bah! elle a bien fait de les prendre, elle! — Oui, mais qui de dix-huit emprunte trois fois six, il ne reste... pas même le panier. — Dieu du ciel! voilà Madame!
MADAME, entrant. Ah! François les Bas-Bleus!
FRANÇOIS. Oui, Altesse, François... les pêches. (A part, se reprenant.) Non! François sans pêches.
MADAME. Soyez le bienvenu, j'ai à vous parler, mon ami.
FRANÇOIS. A moi! oh! tant mieux donc! tant mieux! parce que, voyez-vous, Madame, j'ai beau n'être qu'un paysan, oh! quand vous me parlez, je suis duc et pair, et quand vous me souriez, je suis roi.
MADAME. On m'a dit, François, que les vendanges ouvraient chez vous demain.
FRANÇOIS. On vous l'a dit? C'est pourtant vrai! on est très-bien informé à la cour.
MADAME. Je ne suis jamais allée, moi, à des vendanges. Est-ce joli?.
FRANÇOIS. Oh! magnifique! oh! si vous connaissiez la campagne!
MADAME. Eh bien mais, et Versailles?
FRANÇOIS. Euh! Versailles c'est la campagne, comme M. de Guiche est un campagnard. — Mais, Madame, qu'est-ce que j'entrevois? Est-ce qu'il serait possible que?... Oh! non!
MADAME. Écoutez, je peux me fier à votre dévouement, n'est-ce pas?
FRANÇOIS. Ça, oui, par exemple! et vous pouvez en user et en abuser, allez! vous n'en verrez jamais la fin.
MADAME. Eh bien, je veux vous demander... Le roi! Tenez-vous un peu, là, à l'écart.
FRANÇOIS, avec dépit. Ah! ma foi, monseigneur a raison, il est quelquefois gênant, ce grand Alcandre! (Il se dérobe dans l'entrée de gauche.)

SCÈNE X.

LES MÊMES, LE ROI, LE CHEVALIER, NANTOUILLET.

LE ROI. Eh! où êtes-vous donc, Madame? voilà qu'on s'amuse sans vous. Vous qui avez l'esprit si pénétrant et si fin, on devine des charades, et vous n'êtes pas là pour nous aider.
MADAME. Quelles charades, Sire?
LE ROI. Oh! nous allons vous mettre au courant. D'abord, où croyez-vous qu'est M. de Guiche?
MADAME. M. de Guiche! Pourquoi cette question, Sire? M. de Guiche?... je ne sais, on le disait, je crois, en Picardie.
LE ROI. Oh! les Picardes bien faites pour retenir ce vainqueur! Apprenez qu'il n'a pas quitté Paris, — ou les environs.
MADAME. Ah! — Mais quel rapport a sa présence avec...?
LE ROI. Avec la charade? Voici. Il s'agit de trouver le nom de la belle qui a eu le pouvoir d'enchaîner ce fugitif.
MADAME. Vous avez trouvé?
LE ROI. Nous savons où chercher du moins.
MADAME. Et c'est?
LE ROI. C'est ici.
MADAME. Je ne comprends pas Votre Majesté.
LE ROI. Voyons, vous rappelez-vous, Madame, à laquelle de vos filles d'honneur vous avez donné un nœud de perles; sept perles rondes formant l'agrafe, et trois perles allongées en pendeloques?
FRANÇOIS, se montrant à l'entrée. Qu'est-ce que j'entends?
MADAME. Non, je ne me souviens pas, Sire, à qui j'ai fait ce présent. Et pour quelle raison m'en souviendrais-je?
LE ROI. Ah! c'est qu'une de vos filles d'honneur a perdu un joyau semblable, hier matin, au petit jour, en sortant de certain pavillon du parc de Colombes, qui appartient au comte de Guiche.
FRANÇOIS, à part. Miséricorde!
MADAME, regardant le chevalier. Oh! est-ce vrai? est-ce possible, Sire?
LE ROI. Madame, vous en croirez ma parole si j'affirme que c'est avéré. Du reste, comme on suppose que le nœud de perles a dû être retrouvé, nous allons le cherchant ce soir à tous les corsages, et nous finirons par le découvrir, surtout si vous vous mettez du jeu.
MADAME. Oui, alors, si le fait vous est prouvé, Sire, oui, assurément, j'aiderai Votre Majesté. Mais un jeu! cela vous amuse, Sire; moi, cela m'indigne!
LE ROI. Il est certain que M. de Guiche...
MADAME. Eh! que me fait M. de Guiche, Sire! je pense bien à M. de Guiche, en vérité! Mais Votre Majesté ne voit-elle pas que, par la faute d'une seule, toutes les filles de noblesse et de bon renom qui m'entourent vont se trouver soupçonnées. Voilà M. le marquis de Nantouillet qui doit épouser mademoiselle de Montalais; demandez-lui s'il accepte une pareille confusion.
NANTOUILLET. Je ne l'ai pas aperçue encore, mademoiselle de Montalais!
MADAME. Je ne puis donc me résigner, Sire, — et c'est tout simple! — à garder la, près de moi, dans ma maison, dans mon intimité, la coupable, quelle qu'elle soit.
LE ROI. J'avais pris la chose moins sérieusement, mais je comprends votre courroux, Madame. Poursuivons donc notre recherche, non pour étendre le scandale, mais pour l'arrêter et le punir.
FRANÇOIS. Mon Dieu! mon Dieu!
LE ROI. Venez-vous, Madame?
MADAME. J'ai fait tirer, l'autre mois, une loterie de bijoux; je vais demander à mademoiselle de Montalais la liste des lots. Je rejoins à l'instant Votre Majesté.
LE ROI, en remontant, au chevalier et au marquis. Maintenant, messieurs, je vous réponds que nous saurons tout d'ici à un quart d'heure. (Ils rentrent dans la galerie.)

SCÈNE XI.

MADAME, FRANÇOIS, PUIS MONTALAIS.

FRANÇOIS, accourant. Oh! Madame, grâce! ayez pitié! Si vous saviez!
MADAME. Quoi? qu'est-ce que vous me dites, vous? Pitié! pour qui? Qui donc est malheureux ici? (Entre Montalais.)
FRANÇOIS, l'apercevant. Elle! mon Dieu!
MONTALAIS, à part. François!
MADAME, sans lever les yeux sur Montalais. Ah! Montalais, venez.
MONTALAIS. Madame...
MADAME. Ses yeux s'arrêtent sur le nœud de perles. Ah! — C'est vous, mademoiselle?
MONTALAIS. Oui, Madame. Qu'a donc Votre Altesse?
MADAME, d'une voix altérée. Moi? rien! je regardais cette agrafe.
MONTALAIS. Celle que Madame m'a donnée il y a trois semaines.
MADAME. Oui, je m'en souviens à présent, je m'en souviens.
MONTALAIS. Suis-je en retard? Le roi est arrivé.
MADAME. Oui, — et le marquis est auprès de Sa Majesté.
MONTALAIS. Madame n'entre pas dans la galerie?
MADAME. Tout à l'heure. Mais allez-y sans moi, je vous le permets. Allez. (Montalais se dirige vers la galerie du fond.)
FRANÇOIS, les mains jointes. Oh! Madame, elle va à la honte!
MADAME, après une lutte. Montalais?
MONTALAIS, déjà loin. Madame?
MADAME. Venez. — Venez donc! (Lui retirant le nœud de perles.) Cette agrafe n'est pas assez belle. Tenez, mettez celle-ci à la place. (Elle lui attache sa propre agrafe de diamants.)

MONTALAIS. Que Votre Altesse est bonne !
FRANÇOIS. Oh ! oui !
MADAME. Allez, vous pouvez vous présenter devant le roi maintenant. (Sort Montalais.)

SCÈNE XII.
FRANÇOIS, MADAME, puis GUICHE.

FRANÇOIS. Oh ! oui, la bonne Altesse que vous faites ! Et peut-être encore meilleure que je ne dis. — Vous avez l'air de beaucoup souffrir, Madame.
MADAME. Et souffrir dans sa confiance et dans son amitié, c'est être atteint au cœur.
FRANÇOIS. Ah ! je parie savoir d'où vient le mal. Qu'est-ce que c'est que celui qui souriait sans rien dire à côté du roi ? pas le gros, l'autre, qui a des yeux gris, froids et clairs comme l'acier ? Qu'est-ce qu'il veut, ce païen-là ? Qu'est-ce qu'il fait ? J'ai vu cette figure de malheur rôder tantôt par chez nous. — Madame, je n'ai pas d'esprit, mais j'ai un instinct, je répondrais que vous, M. de Guiche, mademoiselle de Montalais, et encore d'autres, et moi par-dessus le marché, cet oiseleur-là nous tient, ou va nous tenir, dans un piège ! C'est lui l'ennemi, voyez-vous !
MADAME. Oui, l'ennemi ! mais ce sont les amis qui font souffrir.
FRANÇOIS, se cognant la tête. Misère ! si vous saviez ! Mademoiselle Laure... oh ! non ! — Avant-hier matin... Non ! non ! Il faut que je vous dise... mais non, je ne peux pas vous le dire ! Ah ! qu'on est donc mal à son aise ici ! on marche sur des charbons ardents, on ment, on n'y est plus, on étouffe ! (Guiche paraît sur le seuil de droite.) M. de Guiche ! Ah ! il peut parler, lui ! écoutez-le, Madame, écoutez-le ! — Voilà, Madame, parlez-lui, et soyez doux ! soyez très-doux !
GUICHE. Mais toi, va-t'en ! va-t'en !
FRANÇOIS. Va-t'en ! va-t'en ! — Au fait, par où s'en va-t-on ? (Allant à la première porte de droite.) Par là ?
GUICHE. Non, c'est une pièce sans issue. (Montrant la seconde porte.) Par ici. — Eh bien, que fais-tu ?
FRANÇOIS. J'ouvre la porte toute grande pour que vous n'ayez à décamper quand on va venir vous surprendre. Et moi, je me mets aux aguets (là, pour vous crier : gare !)
GUICHE. Soit, je le veux bien.
FRANÇOIS. Merci ! (Il va se poster à la porte du milieu, au fond.)
GUICHE. Madame ! Votre Altesse a vu le vrai François maintenant ; daignera-t-elle venir à nos vendanges ?
MADAME. Non, monsieur, décidément, je n'irai pas.
GUICHE, douloureusement. Oh ! pourquoi ?
MADAME. J'ai réfléchi, j'ai changé d'avis.
GUICHE, blessé. Ah !
MADAME. Vous avez, monsieur le comte, deux ou trois billets de moi, sans doute fort innocents, mais qu'il ne me paraît pas séant de laisser entre vos mains. J'ai à vous demander de me rendre ces lettres en reprenant les vôtres.
GUICHE. Oh ! mais, depuis un quart d'heure, que s'est-il donc passé ? Qu'avez-vous à me reprocher, Madame ?
MADAME. Je n'ai aucun droit de vous faire des reproches, vous n'avez aucun droit de me faire de questions.
FRANÇOIS, à lui-même. Et ne pouvoir parler !
GUICHE. Je serai condamné et je n'en saurai pas même la cause ! Ainsi, je souffrirai mortellement... pour un caprice !
FRANÇOIS, à part. Oh ! le malheureux !
MADAME. Soit ! le caprice est de mon côté, la souffrance du vôtre. Mais les instants pressent. Où et quand me rendrez-vous ces lettres ?
GUICHE. Eh bien, Madame, — s'il en est ainsi, — je vous les rendrai... je vous les rendrai à Colombes, à la vigne de François, et puis autre part.
FRANÇOIS. Oh !
MADAME. De vous, comte, une telle violence !
GUICHE. Elle vous donne la mesure de ma douleur !
FRANÇOIS. Alerte ! le roi !
MADAME. Fuyez !
GUICHE. Fuir ! pour qui préserver ?
MADAME. Restez donc, pour me perdre.
FRANÇOIS. Allons ! pour la sauver, sauvez-vous !
GUICHE. Ah ! partir sans rien savoir ! (Il s'élance dehors.)

SCÈNE XIII.
MADAME, FRANÇOIS, LE ROI, LE CHEVALIER, NANTOUILLET.

FRANÇOIS, se rapprochant vivement. Pour lors, Madame, c'est donc Sa Majesté qui a daigné désirer vos pêches.
LE ROI. Plaît-il ?
LE CHEVALIER, à part. Échappé !
FRANÇOIS, à part. Oui, cherche le rossignol, tu n'as que le linot !
LE ROI. Eh ! mais je l'ai déjà vu tout à l'heure, ce garçon-là.
MADAME. Un protégé de notre maison, Sire, François Michaud, chez le grand-père duquel a soupé un soir le roi Henri.
LE ROI, sévèrement au chevalier. Qui donc me parlait de M. de Guiche déguisé en paysan ? Il faut croire qu'on avait vu double.
LE CHEVALIER, montrant le chapeau que Guiche a laissé sur un fauteuil. Cela tient peut-être, Sire, à ce que ce paysan a deux chapeaux.
FRANÇOIS, à part. Aïe ! (Un silence.)
LE ROI, se mordant les lèvres. Il est constant que nous jouons de malheur ce soir ! — Nous n'avons pas trouvé ce que nous cherchions, Madame. Mais soyez sans crainte ! nous trouverons, nous trouverons ! — Monsieur le marquis de Nantouillet ?
NANTOUILLET. Sire ?
LE ROI. Nous vous confions, à vous, à vous seul, le soin et le droit de veiller, de voir, et, au besoin, d'agir en notre nom dans cette affaire.
NANTOUILLET. Sire ! une si haute mission !
FRANÇOIS, à part. Comme les mots sont honnêtes dans ce pays-ci !
LE ROI. Nous savons que vous ne serez aveuglé, vous, ni par l'intérêt, ni par la haine, et nous aurons foi entière dans tout ce que vous nous rapporterez.
LE CHEVALIER, à part. Je n'en demandais pas davantage !
MADAME. Pardon, sire, — un mot. (Le roi s'incline et fait un signe. Le chevalier et Nantouillet sortent par le fond.)
FRANÇOIS, à part. On s'en va ? Par où s'en va-t-on déjà ? Bah ! à la grâce ! (Il sort par la première porte de droite.)

SCÈNE XIV.
MADAME, LE ROI.

MADAME. Le roi se rend-il compte de l'ordre qu'il vient de donner ?
LE ROI. Je le crois, Madame.
MADAME. Le roi vient d'investir de son autorité, pour exercer jusque chez moi une surveillance de toutes les heures, sait-il bien qui ?
LE ROI. Un honnête homme, Madame, le marquis de Nantouillet.
MADAME. Mon ennemi mortel, Sire, le chevalier de Lorraine ! c'est lui qui va conduire et conseiller le marquis. Et cet homme, le chevalier, si Votre Majesté le fait ici plus puissant que moi, quelque chose me dit qu'il va me calomnier et me perdre. — Sire, ma mère est morte, mon frère est loin, mon mari me hait, vous êtes mon parent, mon protecteur, mon roi ; est-ce la volonté de Votre Majesté d'abandonner à cette lutte et à ce danger indignes sa sujette et sa parente ?
LE ROI. Non, certes ! et vous vous méprenez, Madame. L'ordre que j'ai donné n'est nullement dirigé contre vous, que j'honore, mais bien contre M. de Guiche, qui me brave, et cela est fort différent, j'espère. Cependant, quand vous m'invoquez avec cette grâce et cet abandon, je ne demande pas mieux que de me fier uniquement à votre parole. Seulement, vous engageriez-vous ?
MADAME. À quoi, sire ?
LE ROI. Jurez-moi d'abord que vous resterez entièrement étrangère aux folles idées et aux téméraires tentatives où peut s'oublier encore cet insolent comte de Guiche.
MADAME. Oh ! oui, ce serment-là, je peux vous le faire, Sire, et de bonne foi, et de grand cœur ! Contre ce que peut oser M. de Guiche, vous me demandez l'indifférence, je vous promets, moi, l'indignation.
LE ROI. Ah ! merci, chère Henriette ! Et moi, vous me demandez tout au plus d'être libre dans votre maison, je m'engage à vous faire reine, dans ma cour. Accordez-moi seulement une autre grâce qui va me confirmer la première.
MADAME. Et c'est ?...
LE ROI. Ici et partout, Henriette, quand vous me parlez, quand vous me commandez, ne vous adressez plus au roi, adressez-vous toujours à Louis.
MADAME. Sire, pardon, je ne veux, je n'attends rien que du roi.

LE ROI. Cependant...
MADAME. Je ne m'adresse et ne m'adresserai jamais qu'au roi, au roi justicier dans son royaume et justicier dans sa famille.
LE ROI, d'un ton glacé. C'est bien, Madame, vous ne voulez que justice, le roi fera donc justice exacte et impartiale. Nous trouvons M. de Guiche dangereux, et nous avons chargé le marquis de nous tenir au courant de ses actions. Ne craignez rien, nous saurons discerner le vrai du faux, et ne nous laisserons convaincre que par des faits et des preuves.
MADAME. Je salue humblement Votre Majesté. (Le roi s'incline et sort.)

SCÈNE XV.

MADAME, seule.

O mon cœur! j'ai donc encore une fois eu tort de te croire! après l'ami, voilà que le roi m'offense! Oui, j'ai eu tort, la femme n'a qu'un ami et qu'un seigneur, son mari. La réception est finie, Monsieur va venir, j'éclaircirai ces cruels malentendus qui nous séparent, je lui ouvrirai mon âme, je... On vient. Ah! c'est lui! (Elle s'élance vers la porte du fond, qui s'ouvre.)
UN LAQUAIS, annonçant. M. le chevalier de Lorraine!
MADAME, avec épouvante. Le chevalier!

SCÈNE XVI.

MADAME, LE CHEVALIER.

LE CHEVALIER, après avoir salué. Pardon! Votre Altesse semble surprise?
MADAME. J'espérais voir entrer Monsieur.
LE CHEVALIER. Monsieur part à l'instant pour Villers-Cotterets, où je le suivrai d'ici à une heure.
MADAME. C'est bien! vous direz à Monsieur que je l'aurai rejoint, moi, demain dans la journée.
LE CHEVALIER. Voici un billet que Son Altesse m'a remis pour Madame.
MADAME, lisant. « Madame, je vous prie d'écouter ce que M. le chevalier de Lorraine vous dira, comme si je vous le disais moi-même. » O mon Dieu!
LE CHEVALIER. Voici quelles sont les intentions de Monsieur : il désire rester seul à Villers-Cotterets, et prie Madame de vouloir bien ne pas s'éloigner du Palais-Royal ou de Saint-Cloud.
MADAME. C'est une séparation?
LE CHEVALIER. Oh! momentanée.
MADAME. Puis-je savoir au moins ce qui la motive?
LE CHEVALIER. Je n'ai rien à transmettre à Madame quant au passé.
MADAME. Et je n'ai rien à me reprocher, moi, monsieur!
LE CHEVALIER. Nul n'en est plus convaincu que votre serviteur, et Votre Altesse n'a pas d'autres ordres à me donner... (Il va pour sortir; Madame l'arrête du geste.)
MADAME. Qu'est-ce que je vous ai fait, monsieur le chevalier? Vous avez osé me tenir un jour un langage indigne de moi, indigne de vous. Mais cette offense, ne vous en ai-je pas fièrement gardé le secret? Vous en ai-je fait tort, le dis-je pas auprès de Monsieur, qui ne m'aurait peut-être pas crue, mais auprès du roi? N'aurais-je pas oublié tout déjà, si vous aviez oublié vous-même? Chevalier, qu'est-ce que je vous ai fait? Parce que je ne veux pas que vous m'aimiez, comment pouvez-vous me haïr? Voyons, dites, est-ce qu'à mon insu il y aurait eu de ma faute dans votre égarement? Je ne sais pas, je cherche, je suppose; mais vous voyez bien que je suis sans colère, et que je m'accuse presque afin de vous excuser un peu.
LE CHEVALIER. Oh! vous voyez bien aussi que vous êtes encore adorable, et que votre grâce et votre bonté sont sans merci! Non, Madame, non! il n'y a rien eu jamais de votre faute. Mais je vous avertis que vous avez un malheur, c'est de plaire! de plaire fatalement, sans vous en douter, mais sans qu'on y échappe! Quelle force voulez-vous que j'aie contre cette coquetterie involontaire, la plus irrésistible de toutes? Vos yeux si purs ont une flamme contagieuse qui éclaire peut-être certaines âmes, mais qui dans d'autres brûle...
MADAME. Monsieur!
LE CHEVALIER. Oh! ne craignez rien! je ne m'exposerai pas une seconde fois à l'horrible souffrance de lire le mépris sur votre visage. Seulement, il y aurait pour moi une souffrance plus abominable encore, ce serait qu'un autre y lût le bonheur. Madame, si un rêve impie a traversé un jour

ma pensée, soyez tranquille! c'est éteint, c'est étouffé, c'est mort! Vous êtes maintenant pour moi une idole auguste et sacrée, placée sur un autel, et dont je n'approcherai jamais. Mais aussi je me suis juré que personne, moi vivant, n'en n'approcherait davantage.
MADAME. Que signifie?...
LE CHEVALIER. Madame, je suis le serviteur dévoué du prince, votre mari, je n'agis désormais que pour lui et par lui, je me suis assimilé ses passions et ses haines. Amoureux! vous avez bien raison, j'étais criminel, j'étais insensé! Mais jaloux, Dieu merci! je peux l'être et je suis jaloux... jaloux de l'honneur de mon maître, cela s'entend!
MADAME. Vous oubliez que je suis la première gardienne de cet honneur.
LE CHEVALIER. Le comte de Guiche vous aime, Madame!
MADAME. Sachez, monsieur, que lui ne me l'a jamais dit.
LE CHEVALIER, douloureusement. Madame! si vous alliez aimer le comte de Guiche!
MADAME. Dieu sait que je ne me le suis jamais dit à moi-même.
LE CHEVALIER, avec une angoisse croissante. N'importe! il ne faut pas que vous revoyiez le comte!
MADAME. Oh! mais, monsieur, vous me donnez presque un ordre.
LE CHEVALIER. Que Votre Altesse veuille relire le billet qu'elle tient : « Écoutez ce que vous dira le chevalier, comme si je le disais moi-même. » Je parle au nom de Monsieur, je parle comme il parlerait, c'est lui qui vous dit : Je suis jaloux, je souffre, je souffre horriblement! et je vous préviens que je veille, — et que je serai là, — toujours présent, — toujours!
MADAME, tremblante et fière. Vous parlez, dites-vous, comme parlerait Monsieur, mais vous ne remarquez pas que vous le faites parler comme vous parleriez vous-même. Vous comptez m'effrayer parce que je ne suis qu'une femme, et vous triomphez déjà parce que vous croyez peut-être que je pâlis et que je tremble. Si je tremble, monsieur, si je suis pâle, alors, c'est d'indignation! c'est d'indignation! Je suis une femme, oui, mais une femme qui est sœur de roi, fille de roi et petite-fille de roi. Allez rejoindre celui qui vous envoie, et rapportez-lui que, comme il a chassé M. de Guiche de sa présence, je vous ai chassé de la mienne.
LE CHEVALIER. Madame, je vous aurai du moins avertie.
MADAME. Allez! (Elle reste debout, fière et frémissante, tant que le chevalier est là; dès qu'il est sorti, elle tombe évanouie sur un fauteuil.)

SCÈNE XVII.

MADAME, FRANÇOIS.

FRANÇOIS, s'élançant. Madame! Madame! évanouie! Si forte et si faible! Oh! comme ils l'ont fait souffrir! Madame! entendez-moi! écoutez-moi!
MADAME, d'une voix faible. Que veut-on? qui me parle?
FRANÇOIS. Personne; moi. J'étais là, enfermé, ne pouvant, n'osant sortir, et voilà une heure que j'assiste à vous, à votre douleur, à votre courage. Ah! vous ont-ils tous assez égoïstement et méchamment offensée! quand des mots qui seraient des caresses me sembleraient encore trop durs pour vous! Tenez, ne me parlez pas de vos seigneurs, princes ou rois, des gens qui ne savent seulement pas comment on soigne les fleurs! — Vous raniez-vous un petit peu, dites? — Oh! le cœur me battait, me tremblait avec vous! Vous êtes une princesse, une altesse, mais ça ne fait rien, allez! je n'y prendrai pas garde, je vous consolerai, je vous servirai comme si de rien n'était, comme une enfant, comme une malade, comme une blessée. Eh bien! se remet-elle la pauvre âme? C'est que j'ai des choses à lui dire, oh! de bonnes petites choses! et qui est-ce qui sera contente de les savoir? Ah! voilà son sourire qui revient! allons! je peux parler, hein? nous y sommes!
MADAME. Oui, vous êtes un bon cœur, je le sais, je le sens, et vous me comprenez, et je vous comprends bien aussi. — Qu'est-ce que vous avez donc à m'apprendre, dites?
FRANÇOIS. Ce n'est pas sur le roi, non! ni sur le païen non plus! — c'est sur mon méchant seigneur, qui, pourtant, au fond, n'est pas si méchant qu'il le semble.
MADAME. Ah! sur lui! et c'est quelque chose de consolant? Parlez, on va venir, parlez vite!
FRANÇOIS. Oui, mais, mon Dieu! je ne pourrai rien expliquer, je n'aurai en preuve que ma parole, allez-vous me croire?

MADAME. Oh! oui, je vous croirai! je vous croirai, soyez donc tranquille!

FRANÇOIS. Eh bien, sur ma vie, Madame, M. de Guiche ne vous a pas menti: il est resté à Péronne ces quinze jours, il n'est revenu que de ce matin, il n'a donc pas pu voir hier mademoiselle de Montalais; le roi, en donnant sa parole, ne vous trompait pas, mais on l'avait trompé; c'est tout ce que je peux vous dire, mais c'est la pure vérité.

MADAME. Ah! merci! ah! je vous crois! vous voyez bien comme je vous crois! Mais aussi c'est l'évidence même ce que vous dites. Oui, le comte était sincère, sa colère même avait raison, ma pauvre Montalais non plus n'est pas coupable. Oh! je renais, je respire. François, ne dites rien à M. de Guiche, rien, vous entendez, je vous en prie! c'est à moi, à moi seule de réparer mon injustice et ma cruauté. Oh! merci encore! quel bonheur! quel bonheur! il n'y eut d'injuste et de cruel que moi!

FRANÇOIS. Ah! tenez, vous êtes un ange!

MADAME. Vous voyez bien le contraire.

FRANÇOIS. Vous n'êtes pas un ange, vous?

MADAME. Hélas! non, mon pauvre garçon.

FRANÇOIS. Vous ne vous y connaissez pas! (La porte du fond s'ouvre. Paraît Purnon précédant trois Dames, tenant le bougeoir, etc...)

PURNON, annonçant. Les dames du petit coucher de Son Altesse. (A part.) Ce paysan encore là!

FRANÇOIS. Madame, voilà M. Purnon, et, décidément, il n'y a que lui qui puisse vous expliquer le miracle de la soustraction des pêches.

ACTE TROISIÈME.

Le clos de vignes de François les Bas-Bleus. Le fond est tout entier occupé par un grand coteau couvert de vendangeurs et de vendangeuses. A droite, la maison, avec porte exhaussée de trois ou quatre marches. A gauche, une ramée formant berceau. Table et escabeaux.

SCÈNE PREMIÈRE.

L'avant-scène est vide. Au loin, GARO, BABICHON, vendangeurs et vendangeuses épars dans la vigne. LE CHEVALIER, NANTOUILLET, entrent mystérieusement par la gauche.

LE CHEVALIER. Vous voyez, de ce côté, on ne peut sortir que par la maison, surveillez-en les abords. Moi, je garderai là-haut l'unique porte de l'enclos. Une femme ne va pas franchir le mur et le fossé!

NANTOUILLET. Comme nous l'avons fait, nous, juste ciel! Ah! chevalier, où me conduisez-vous? Qu'est-ce que c'est que ce marécage?

LE CHEVALIER, marchant et guettant avec agitation. Ce marécage est une vigne, la vigne de François les Bas-Bleus.

NANTOUILLET. Une vigne sans treillis et sans festons, une vigne à même! un terrain non sablé et non ratissé, et un air d'une crudité telle que je m'évanouirais si, par précaution, je ne m'étais inondé d'eau de la reine de Hongrie! Convenez, chevalier, que nous voici un peu fourvoyés! Il ne faut pas oublier pourtant que je représente Sa Majesté. Je suis en ce moment l'œil du Roi.

LE CHEVALIER, toujours aux aguets. Eh! c'est pourquoi votre devoir est de surveiller Guiche et de découvrir celle qu'il entraîne dans sa folie.

NANTOUILLET. Mais est-il à supposer que l'élégant comte de Guiche et qu'une fille d'honneur de Son Altesse se puissent commettre au milieu de ces magots.

LE CHEVALIER. Je ne fais pas une supposition, j'ai une certitude.

NANTOUILLET. Alors, comment vais-je les démêler dans cette tourbe? Tous ces rustres sont le même!

LE CHEVALIER, avec impatience. Oh! le roi ne se fiera qu'à vous! et je ne peux pas même rester avec vous! C'est vous qui devez voir, et moi je ne dois pas être vu.

NANTOUILLET. Non, puisque vous êtes censé à Villers-Cotterets avec Monsieur. De plus, je tiens à remplir seul l'office que le roi a confié à moi seul.

LE CHEVALIER. Je le crois! outre la réputation de mademoiselle de Montalais à sauvegarder, vous avez ici à gagner la faveur du roi, faveur précieuse pour vous, mon cher! votre noblesse est un jeune, elle est de la façon de Mazarin. Votre père ne s'appelait-il pas Chanteloup? Vous pouvez vous souvenir que ces paysans aiment à se moquer du monde.

NANTOUILLET. Ai-je la tournure de quelqu'un dont on se moque?

LE CHEVALIER. Vous avez de l'argent, au fait! eh bien, usez de votre argent, c'est le plus sûr! montrez votre bourse à l'un de ces marauds, et cachez votre personne à tous les autres.

NANTOUILLET. Eh! oui, on sait corrompre les gens!

LE CHEVALIER. Puis, dès que vous aurez reconnu Guiche et les personnes qu'il accompagne, venez aussitôt me retrouver, sans être aperçu. Il est telle circonstance où je ne craindrais plus de me montrer.

NANTOUILLET. Fiez-vous à moi!

LE CHEVALIER. Il le faut bien! Je rejoins Purnon qui a dû voir ce Comtois. A tout à l'heure. Usez de votre argent! (Il sort.)

NANTOUILLET. Parbleu! — Mais je ne vais pas descendre à ruser avec des espèces. (Appelant.) Holà! toi, hé! approche un peu, vilain!

SCÈNE II.
NANTOUILLET, GARO.

GARO. C'est-il à soi-même ou à moi-même qu'vous parlez, mon beau m'sieu?

NANTOUILLET. C'est à toi, croquant; prends ceci et réponds.

GARO. Un double louis! oh! je suis tout langue.

NANTOUILLET. Tu connais le comte de Guiche?

GARO. Monseigneur! pour ça, oui!

NANTOUILLET. Est-il vrai qu'il est là, parmi ces vendangeurs?

GARO. Ça se pourrait. Il y vient quasi tous les ans, en façon de rire.

NANTOUILLET. Et n'a-t-il pas avec lui quelque dame?

GARO. Dame ou demoiselle, à son plaisir.

NANTOUILLET. Elle et lui vêtus à la paysanne?

GARO. A la paysanne, s'ils veulent. Quand on s'habille tous les jours de l'année en dimanche, alors le seul dimanche de l'année, c'est de s'habiller en tous les jours.

NANTOUILLET. Eh bien, tu vas me conduire en secret là où je pourrai voir de loin M. de Guiche.

GARO. Ah! pourquoi donc faire?

NANTOUILLET. Par curiosité.

GARO. Oui-da! vous êtes un curieux!

NANTOUILLET. Et tu auras gagné, pour ta peine, un autre double louis.

GARO. Si vite que ça! Faudrait un mois pour mériter la somme!

NANTOUILLET. Tu l'auras dans la minute.

GARO. Oh! non! non! j'ai de la conscience, moi! On vient, prenez par là qu'on ne nous voie ensemble. (A part.) Je m'en vas le promener pour vingt pistoles.

BABICHON, entrant. Garo! où t'en vas-tu, Garo?

GARO. Laisse! je suis en train de gagner notre festin de fiançailles. (Il suit Nantouillet à gauche.)

BABICHON. Bon Dieu! est-ce qu'il se serait fêlé après François, mon promis? — Monseigneur! (Entrent Guiche en paysan et Comtois.)

SCÈNE III.
GUICHE, BABICHON, COMTOIS.

GUICHE. Babichon! François est-il par là?

BABICHON. Oui, monseigneur, le v'là qui s'en vient avec le chariot.

GUICHE. Rien de nouveau d'ailleurs dans l'enclos?

BABICHON. Rien du tout, que votre belle arrivée, monseigneur!

GUICHE. Va, et n'en parle à personne, mon enfant, va. (Babichon fait une révérence et s'éloigne.)

GUICHE. Ainsi, la personne que j'espérais ne viendrait pas, Comtois.

COMTOIS. Oh! qui sait, monseigneur? L'enclos est assez vaste, et c'est l'amusement des dames de haut rang de se cacher et de se perdre dans la foule. Enfin, monsieur le comte maintient ses instructions, je pense?

GUICHE. Oui, la collation?...

COMTOIS. Est prête deux fois, monsieur le comte: à la ferme et... (baissant la voix) au pavillon du Labyrinthe.

GUICHE. Comtois! que rien pourtant ne ressemble à un piége!
COMTOIS. Par exemple! la métairie et le château se touchent; sait-on où finit l'une, où commence l'autre? La curiosité de la visiteuse aide un peu la maladresse empressée d'un serviteur tel que moi, on vient chez François les Bas-Bleus, on se trouve chez M. de Guiche, — il y a là tout au plus une méprise, mais qui donc, grand Dieu, peut y voir un piége?
GUICHE. N'importe! j'ai beau avoir, cette fois, une revanche à prendre, ne menez pas les choses trop vite et trop loin, Comtois! — Allez. (Il remonte.)
COMTOIS, à part. Quand on sert deux maîtres à la fois, il est bon au moins que leurs ordres soient d'accord. Le chevalier sera content! (Il sort par la porte de la maison, à droite, pendant que Guiche remonte vers le fond.)

SCÈNE IV.

FRANÇOIS, sur un chariot rustique traîné par des vignerons, chargé de tonneaux, de hottes et de paniers de raisins, et tout orné de feuillages et de banderoles ; LA MÈRE MICHAUD, BABICHON, LE PÈRE MATHIEU, VENDANGEURS ET VENDANGEUSES. — Ils entrent tous en criant et en chantant.

FRANÇOIS, élevant un cep tout chargé de raisins.
    Le sol t'est dur, pauvre raisin !
    Sable et caillou, c'est ton terrain;
    Mais l'air de France t'est léger,
        Vive la grappe!
    Ni chaud, ni froid, plein de pitié,
        Gai l'amitié!

    Tu nais, bourgeon chétif d'abord,
    Tordu, malingre, à moitié mort,
    Et tu mourrais plus qu'à moitié,
        Vive la grappe!
    Sans les doux soins de l'ouvrier,
        Gai l'amitié!

    Pour acquérir force et vertu,
    Pauvre raisin, que feras-tu?
    Fais-toi grappe! et, multiplié,
        Vive la grappe!
    Bois-moi le soleil tout entier!
        Gai l'amitié!

(Les vendangeurs reprennent en chœur le refrain de chaque couplet, et dansent une ronde autour du char.)

TOUS. Vive François!
FRANÇOIS. Vive la grappe! et vive la joie! Le temps est beau, la vendange est superbe! Le soleil, notre bon compagnon, ne nous quittera pas, même cet hiver, et nous boirons encore, en pleine froidure, sa chaleur et sa lumière! Vive la grappe et vive le soleil! (Il saute à bas du chariot.)
TOUS. Vive la grappe! et vive le soleil!
LA MÈRE MICHAUD. Allons! François, repose-toi un peu. Tu es tout en nage!
FRANÇOIS. Bah! la mère, chanter et danser, ça repose.
LA MÈRE MICHAUD. Et à présent, les amis, au cellier et à la régalade!
TOUS. A la régalade! (Ils sortent en reprenant le dernier refrain, et emportent le chariot dans le cellier, qui est censé en retour de la maison.)
LA MÈRE MICHAUD. Ah! ce père Mathieu, il porte encore sa pleine hottée! Porte-la, mon vieux, nous te la renverrons en bouteilles pour ton hiver. (Elle remonte avec les vendangeurs.)

SCÈNE V.

FRANÇOIS, GUICHE.

(Jusqu'à la fin de cette scène, le va-et-vient des vendangeurs continue au fond.)

FRANÇOIS, arrêtant le panier de Guiche au passage. En v'là un panier modeste, par exemple! cinq grappillons! C'est bien, monseigneur! votre travail ne fera pas de jaloux.
GUICHE. Qu'est-ce que tu veux, François? vendanger tout seul!
FRANÇOIS. Tout seul!
GUICHE. Car elle n'est pas venue, elle ne viendra pas! Eh bien, mon rêvasseur, as-tu maintenant une idée de ce que c'est que le caprice d'une femme? Hein, voyons, qu'en dis-tu?
FRANÇOIS. Oh! moi, je n'ai rien à dire, et je ne dis rien. Monseigneur est bien autrement fort qu'un pauvre naïf comme moi!

GUICHE. Non, décidément je suis faible, ami. Si tu savais comme depuis hier je souffre!
FRANÇOIS. Vous êtes bien heureux de souffrir comme ça!
GUICHE. Oh! mais elle souffrira aussi, j'espère! j'aurai mon tour. Qu'elle vienne seulement! Crois-tu qu'elle vienne, François?
FRANÇOIS. Dame! vous l'avez terriblement menacée!
GUICHE. Ah! j'en avais le cœur plus navré qu'elle; mais il fallait cela!
FRANÇOIS. Ah! il fallait ça?
GUICHE. Voilà Lauzun, un petit gentillâtre, qui traite plus que cavalièrement Mademoiselle, cousine du roi, et Mademoiselle adore Lauzun et l'épousera malgré l'univers.
FRANÇOIS. Avez-vous remarqué, monseigneur, que vous avez surtout menacé Madame de ne pas reprendre des lettres qui vous compromettent, vous personnellement?
GUICHE. N'importe! c'est l'accent qui fait impression.
FRANÇOIS. Ah! c'est?..
GUICHE. Je te dis, François; qu'à leurs yeux à toutes, la douceur, cette force suprême, passe pour de la faiblesse, et que la violence, cette faiblesse déguisée, leur paraît la véritable force.
FRANÇOIS. Oh! ça m'a l'air très-savant, ce que vous dites là!
GUICHE. Eh! vous m'avez l'air un peu moqueur, vous, maître François! Mais si elle vient, pourtant, que diras-tu?
FRANÇOIS. Je dirai...
UNE PAYSANNE, portant sur l'épaule un plein panier de raisins. Ouh! que c'est lourd!
FRANÇOIS, tirant l'oreille d'une autre paysanne qui arrive près de lui. Hé! toi, aide donc cette chétiote, un brin! (Il reconnaît Montalais.) Oh!
LA PREMIÈRE PAYSANNE. Non! non! je ne veux pas qu'on m'aide.
FRANÇOIS, reconnaissant Madame. Ah!
GUICHE, à part. Madame! elle est venue!

SCÈNE VI.

FRANÇOIS, GUICHE, MADAME, MONTALAIS.

FRANÇOIS, effaré. C'est vous! (Madame met un doigt sur ses lèvres.) C'est-à-dire, non, ce n'est pas vous! (A Guiche.) C'est elle!
MADAME, riant. Qu'est-ce que vous avez donc, not' maît'? Ah! qu'on est bien cheux vous tout de même! et que c'est amusant de travailler! je n'en peux plus!
FRANÇOIS. Oh! asseyez-vous.
MADAME, s'asseyant sur un escabeau. Ce n'est pas de refus.
FRANÇOIS. Et puis... et puis je me tairai après, mais laissez-moi parler avant. Vous v'là chez moi, vous! oh! qu'est-ce que je pourrais dire? qu'est-ce que je pourrais faire? Comment vous marquer la joie de mon cœur et de ma maison? Comment vous apporter toutes nos fleurs et tous nos fruits? vous présenter nos oiseaux, nos brebis, nos ramiers, nos abeilles, tout? Mais non, il n'y a rien ici d'assez beau pour vous. Ah! votre jolie présence me fait si riche et si pauvre content et fâché à la fois! Parce qu'enfin, voyez, je n'ai rien, moi; je ne peux seulement pas vous donner quelque chose à quoi je tiens; les choses à quoi je tiens, vous n'y tiendriez guère! et je vous offrirais, n'est-ce pas? ma chèvre avec son chevreau, que vous en seriez plutôt embarrassée.
MADAME. O bon cœur! — Oh! mais, si vous croyez que je ne vais rien accepter, et même rien demander! Vous allez voir un peu tout à l'heure!
FRANÇOIS. Vrai?
MADAME. Vous allez voir. — Mais j'ai d'abord, moi, à m'acquitter de quelque chose, vous savez? vous n'avez rien dit?
FRANÇOIS. Rien du tout, Madame.
MADAME. C'est un de vos voisins qui est là, qui m'a saluée tout à l'heure?
FRANÇOIS. Oui, c'est... c'est le meunier du moulin de là-haut.
MADAME. Ah! eh bien, approchez, bon meunier.
GUICHE. Madame...
MADAME. Il me paraît un peu sévère et triste, votre voisin, François; (Se tournant vers Montalais.) il est tout juste comme ma payse, tenez, depuis le moment où je l'ai priée de m'accompagner ici. Mais ces airs froids et sombres ne vont pas du tout avec ce beau ciel et cette gaie campagne; il s'agirait de les dissiper bien vite.
FRANÇOIS, souriant. Je me figure que vous le pouvez.
MADAME. Eh bien, je vais essayer. On m'écoute?

MADAME, debout. Il était un roi et une reine... — Cela ressemble à vos contes, François, mais ce n'est pas un conte. — Le roi s'appelait Charles Ier d'Angleterre, la reine s'appelait Henriette de France; ils avaient une petite fille, nommée Henriette comme sa mère. Un jour, — cette petite fille avait cinq ans, — on lui dit qu'on allait la conduire à son père qu'elle n'avait pas vu depuis bien longtemps, et on la fit entrer, non dans un palais, mais dans une prison. Elle se rappelle encore comme sa mère pleurait, et comme son père l'embrassait. — « Sait-elle lire? demanda le roi. — Elle commence, Sire. » — Alors mon père ouvrit à la première page un grand livre posé près de lui. — « Tiens, mon enfant, me dit-il, lis-moi un peu notre royale devise, qui est celle de la chevalerie, et aussi celle de toute âme vraiment noble vivant en ce monde. Tu te souviendras que ton père te l'a fait épeler la veille de son exécution. » — Et je lus dans le livre, en m'aidant de mon petit doigt: « *Honni soit qui mal y pense!* »
FRANÇOIS. O la belle histoire! et comme vous en faites bien partie!
MADAME. Vous jugez si on oublie une telle leçon de lecture! *Honni soit qui mal y pense!* cela est devenu ma lumière, cela vous place dans une atmosphère supérieure où l'on ne respire que confiance, honneur, pureté, où ne s'admet ni le soupçon, ni la rancune, ni le mensonge, rien de vil et rien de petit. *Honni soit qui mal y pense!* oh! quand j'ai manqué à cette loi, quand, par malheur, j'ai subi quelque sentiment médiocre, je n'ai pas de cesse que je ne m'en sois délivrée, de même qu'on a hâte de laver sa main salie. — Et c'est pour une réparation de cette sorte que je viens à vous, mes amis.
GUICHE. Vous! une réparation!
MADAME. Oui, vous ne savez pas? on vous avait accusés devant moi tous deux.
MONTALAIS, tressaillant. Tous deux!
MADAME. On avait inventé je ne sais quel scandale, départ supposé, rendez-vous dans un pavillon, agrafe perdue...
MONTALAIS, à part. Ciel!
MADAME. Et moi, moi qui avais cru la calomnie, j'avais pensé le mal! Mais le brave garçon que voilà m'a ramenée d'un mot. Oh! par exemple, je ne lui en ai pas demandé davantage!
FRANÇOIS, à part. Pas assez peut-être.
MADAME. Et me voici, j'accours, j'avoue mon tort, j'apporte mon regret; *honni soit qui mal y pense!*
GUICHE. Oh! Madame! voilà donc votre façon d'avoir tort! c'est avec cette grandeur que vous vous humiliez! Oh! c'est pourtant vrai, je ne vous connaissais pas. Il faut dire que je ne me connaissais pas moi-même. Mais j'ouvre les yeux; votre noblesse me confond et me ravit à la fois. Ah! François, tu avais bien raison, comme elle emporte mes petits calculs et mes habiletés puériles! Oh! dans ce corps délicat âme héroïque! rien qu'à vous contempler, on est meilleur, on se sent épris du beau, tenté du grand. Se peut-il que vous soyez de ce monde? Il faut vous adorer, et je vous adore! et, tout ce que je vous dis là, mettez que je vous l'ai dit à genoux.
MONTALAIS, à part, frémissante. Ah! c'est Madame qu'il aimait, — et qu'il aime!
MADAME. Mais avec tous ces respects, on ne m'a toujours pas dit qu'on me pardonne.
GUICHE. Oh! Madame!...
MADAME, tendant la main à Montalais. Et vous, Laure, vous ne me gardez pas rancune?
MONTALAIS, s'inclina froidement. Est-ce qu'un tel sentiment m'est permis envers Votre Altesse? — Madame m'avait dit de prendre avec moi ces lettres...
MADAME. Oui, oui, nous avons à notre tour à remettre ces péchés, péchés d'imprudence et d'étourderie.
MONTALAIS, à part. Les lettres sont de lui! (Elle remonte.)
MADAME. Vous nous quittez, Montalais?
MONTALAIS. Je vais rapporter ces lettres à Madame.
FRANÇOIS, à part. Les lettres dans ses mains! vertu-choul
(Il va pour suivre Montalais qui sort.)

SCÈNE VII.

MADAME, FRANÇOIS, GUICHE.

MADAME. Oh! vous, François, ne vous échappez pas, c'est votre tour.
FRANÇOIS. Madame...
MADAME. D'abord plus de Madame! je m'appelle Henriette, j' sommes vendangeuse.
GUICHE. J' sommes vendangeux.

MADAME. Et puis, — à présent que me voilà réconciliée avec tout le monde, même avec moi, et que j'ai travaillé comme il faut, et que je me suis fatiguée... plus qu'il ne fallait, vous ne savez pas une chose, patron François? j'ai très-faim!
FRANÇOIS, s'empressant. Oh! attendez!
GUICHE, même mouvement. On a dû apporter de chez moi un menu...
MADAME. Mais non! mais non! — François! Arrivez, arrivez. (Désignant le pain sur la table.) Qu'est-ce que cela?
FRANÇOIS. Ça, c'est la miche!
MADAME. J'en voudrais!
FRANÇOIS. Oh! vraiment? mais c'est que...
MADAME. Allons! coupez-m'en une tranche, une grosse!
FRANÇOIS. Voilà! mais...
MADAME, mordant à même. Oh! comment appelez-vous ce pain-là?
FRANÇOIS, piteusement. Je l'appelle du pain bis.
MADAME. Oh! que c'est bon le pain bis! oh! le petit goût de noisette! un gâteau! C'est de votre farine, meunier? Goûtez-en! goûtez-en!
GUICHE. Vous êtes trop bonne! je...
FRANÇOIS. En voulez-vous, monseigneur?
GUICHE. Non, grand merci!
MADAME. De ma vie, moi, je n'ai mangé de si bon pain! Dame! aussi, c'est le premier que je gagne!
FRANÇOIS. Ah! vous voir là, comme ça, manger de mon pain, que c'est gentil! je me battrais de joie!
MADAME. Mais ce n'est pas tout, voilà que j'ai soif.
FRANÇOIS. Oh! nous avons de vieux vin...
GUICHE. Il doit y avoir des glaces...
MADAME. Hé! non! — Qu'est-ce qu'ils boivent donc, — les autres?
FRANÇOIS. Ils boivent du vin.
MADAME. Du vin doux! oh! j'en voudrais!
FRANÇOIS. Comment donc! (Arrêtant une servante qui passe avec un pot et des verres.) Donne, Périne. Et vous, monseigneur, travaillez aussi. Vous n'êtes plus seul à présent. Apportez les verres.
GUICHE. Voilà! voilà!
FRANÇOIS. Ça, par exemple, c'est joli à boire. (Versant.) Goûtez.
MADAME. Eh bien, et vous? vous toquerez bien votre verre, not' maît', avec celui de votre vendangeuse? (Leur versant à son tour.) Patron, et vous, meunier, à votre santé!
FRANÇOIS. A votre bonté!
GUICHE. A votre grâce! (Ils boivent.)
MADAME, après avoir bu. Ah! oui, c'est bien appelé du vin doux! cela ne ressemble plus du tout à du vin. Ce doit être innocent comme du lait, cette boisson-là!
FRANÇOIS. Innocent! oui, très-innocent!
MADAME. Et, pour lors, nous avons donc du vin doux, à discrétion?
FRANÇOIS. A discrétion!
GUICHE. Oh! c'est aujourd'hui fête, vous pensez!
MADAME. Et en plus, qu'est-ce que vous donnez?
FRANÇOIS. Ce que vous voudrez.
MADAME. Oui, qu'est-ce que vous payez la journée?
FRANÇOIS. Ah! je paye six sols trois deniers.
MADAME. Six sols trois deniers, oh! oh! — Eh bien mais, dites donc, payez-moi.
FRANÇOIS. Vous payer!
MADAME, posant son panier sur un escabeau. Dame! voilà mon ouvrage! il ne va pas me payer à présent!
GUICHE. Il le faudra bien!
FRANÇOIS. Oh! mais oui, alors, certainement! (Tirant une bourse de cuir.) V'là trois, quatre, cinq, six sols. (Cherchant.) Et puis une pièce de trois deniers? Vous n'avez pas sur vous une pièce de trois deniers, monseigneur? En v'là une de six.
MADAME, vivement. Ah! ma foi! tant pis! je n'ai pas de quoi vous rendre. (Elle tire un mouchoir brodé et noue les pièces de cuivre dans un coin.) Oh! mais que je suis contente! j'ai gagné six sols trois deniers, — ma nourriture, — et un pourboire!
FRANÇOIS. Sur ce, rebuvons. Jamais, comme disait mon grand-père, nous ne boirons si jeunes. (Il va pour verser à boire à Madame.)
MADAME, lui arrêtant le bras. Non! non plus! (Passant la main sur son front.) Vous disiez que c'était innocent le vin doux! je ne sais, je n'ai fait pourtant qu'y tremper mes lèvres...
FRANÇOIS. Oh! ce ne serait pas le vin doux alors, mais le grand air, le soleil. J'ai vu comme ça une fois une cigale ivre d'une goutte de rosée.
MADAME, vivement. Ah! mais je ne veux pas être comme la cigale!

GUICHE. Vous ne vous sentez pas mal?
MADAME. Non, je suis bien, au contraire, je suis enchantée! Hier le chagrin, mais aujourd'hui la joie. Hélas! la joie, c'est aussi pour moi le vin nouveau, et ce qui m'a peut-être un peu étourdie. Mais je suis très-bien! — François, je ne me suis sentie nulle part chez moi comme chez vous. Ici pas de soupçon, pas de crainte, pas de danger. Le temps est doux, la vie est légère, tous ces braves gens là-bas ont l'air heureux. Jusqu'aux nuages, regardez, qui passent dans le ciel, ce sont des nuages roses. Ah! c'est comme un rêve! je me figure que je suis en vendanges dans un coin du paradis. Dites donc, c'est peut-être là ce qu'on appelle les vignes du Seigneur!

SCÈNE VIII.

Les Mêmes, BABICHON, puis MONTALAIS.

BABICHON. François! François!
FRANÇOIS. Qu'est-ce que c'est?
BABICHON. J'ai peur que ce Garo n'ait fait des bêtises! (Elle lui parle bas avec vivacité.)
FRANÇOIS. Ah! mon Dieu! — Madame, Madame! il faut partir!
MADAME. Partir? déjà!
FRANÇOIS. Du monde! du monde de la cour!
MONTALAIS, entrant. Madame, je viens d'apercevoir le chevalier de Lorraine.
MADAME, avec effroi. Le chevalier!
LA VOIX DU CHEVALIER. Venez donc, marquis, venez.
FRANÇOIS. Par la maison! sortez, sortez vite! Heureusement ils n'ont pas d'autre passage.
GUICHE. Suivez François, Madame, et je leur barrerai le chemin, soyez tranquille!
MADAME. Oh! ne vous exposez pas!
GUICHE. Je vous ai dit : soyez tranquille! (François, Madame et Montalais sortent par la maison.)

SCÈNE IX.

GUICHE, LE CHEVALIER, NANTOUILLET, puis FRANÇOIS, GARO, PAYSANS.

LE CHEVALIER, accourant, à Nantouillet. Ah! voyez ces femmes qui fuient. Venez, venez!
GUICHE. Messieurs, vous ne passerez pas!
LE CHEVALIER. Qui êtes-vous pour nous parler ainsi?
GUICHE. Le chevalier de Lorraine ne reconnaît pas le comte de Guiche?
LE CHEVALIER. Faites place! mon épée ne connaît le gentilhomme qu'à son épée.
FRANÇOIS, rentre, tenant l'épée de Guiche. Eh bien, la v'là, son épée. Faites connaissance!
GUICHE. Merci! (Au chevalier.) A vous!
LE CHEVALIER. Ah! je ne demande pas mieux! (Ils engagent le fer.) Mais vous, Nantouillet, pendant que je l'occupe, passez, pour Dieu! passez!
NANTOUILLET. Oui, oui; je cours...
FRANÇOIS, sur les marches de la porte. Ah! mais non! on ne passe pas gratis.
NANTOUILLET. Drôle! ôte-toi de là. Sinon... (Il dégaîne.)
FRANÇOIS. Mon épée à moi? où donc est mon épée? (Saisissant un échalas.) Voilà!
NANTOUILLET. Tu oserais, butor, te mesurer avec moi!
FRANÇOIS. Armes inégales, c'est juste! (Cassant l'échalas sur son genou.) Les v'là de longueur.
LE CHEVALIER, tout en se battant. Mais passez donc!
NANTOUILLET. Allons! (Il fond l'épée haute sur François, qui pare avec son échalas, l'atteint au mollet, saute de trois pas en arrière.) Ah ça! drôle, tu n'as aucune notion d'escrime!
FRANÇOIS. Dame! excusez! je tape comme je peux, — à la grosse!
NANTOUILLET. Un marquis contre un manant!
FRANÇOIS. Tout ça, c'est des dons de nature; vous êtes très-marquis, mais moi je suis très-fort. Jugez plutôt! (D'un revers, il fait sauter l'épée de Nantouillet, l'atteint à la tête et le renverse.)
GARO, accourant. Ah! tu as tué ma pratique!
FRANÇOIS, penché sur Nantouillet évanoui. Non! non! il a ce que nous appelons un étonnement; seulement il est très-étonné!
GUICHE, blessé au bras droit par le chevalier. Ah!
FRANÇOIS, courant à lui. Monseigneur!
GUICHE. Rien! ce n'est rien! mais la douleur!... (Il chancelle et tombe sur le banc de gauche.)

LE CHEVALIER, courant à Nantouillet. Ah! et sans lui, je ne peux rien!
GUICHE. François et Madame?
FRANÇOIS. Soyez sans crainte! Comtois était là, il l'a conduite.
GUICHE. Comtois! — Oh! misérable que je suis! j'avais dit à Comtois... François, sauve-la! (Il perd connaissance.)
FRANÇOIS. Que dit-il?
LE CHEVALIER. Comtois! — Je crois que j'ai partie gagnée!
FRANÇOIS. Oh! mais je suis là, moi, l'autre vainqueur. Monsieur le chevalier, à nous deux!

ACTE QUATRIÈME.

PREMIÈRE PARTIE.

Petite salle à six pans. Portes à droite et à gauche. Au fond porte-fenêtre donnant sur un balcon.

SCÈNE PREMIÈRE.

Entrent par la gauche, COMTOIS, portant deux candélabres allumés; puis MADAME tenant par la main MONTALAIS. Elles ont jeté une masse noire sur leur costume villageois. Comtois pose un des flambeaux sur le guéridon.

MADAME. Où nous conduisez-vous? Pourquoi ne pas nous mener tout de suite à notre voiture?
COMTOIS. Madame, il faut d'abord la retrouver. Ici, du moins, Madame est à l'abri.
MADAME. Où sommes-nous donc?
COMTOIS. Dans un endroit sûr, où Madame peut attendre maintenant que j'aille chercher le carrosse. Si Madame veut bien passer dans le salon... (Il entre à droite, emportant un des candélabres.)

SCÈNE II.

MADAME, MONTALAIS.

MADAME, faisant un pas vers la porte de droite. Venez, Montalais.
MONTALAIS. Si Madame n'a pas besoin de moi, je la prie de m'excuser. Je préfère ne pas entrer là.
MADAME. Pourquoi? qu'avez-vous donc, Laure? Vous êtes pâle, votre voix tremble, votre main est glacée!
MONTALAIS. Mais il me semble que Votre Altesse est pour le moins aussi émue que moi.
MADAME. Oh! moi, c'est que je me le dis? En ce moment, que se passe-t-il à la ferme de François? Si le chevalier et le marquis ont voulu nous suivre, si M. de Guiche a voulu les arrêter, que s'est-il passé?
MONTALAIS. Espérons que M. de Guiche ne tardera pas à venir rassurer Votre Altesse.
MADAME. Mais il ne peut savoir que nous sommes ici.
MONTALAIS. Pardonnez-moi, Madame, il doit le savoir, il le sait.
MADAME. Comment? par qui? où sommes-nous donc?
MONTALAIS. Nous sommes chez lui.
MADAME. Chez M. de Guiche?
MONTALAIS. Dans le pavillon du Labyrinthe.
MADAME. Le pavillon du Labyrinthe! où ai-je entendu prononcer ce nom?
MONTALAIS. Oh! l'heureux comte de Guiche l'a rendu déjà célèbre!
MADAME. Ah! maintenant je me rappelle... Mais, mon Dieu! Laure, d'où connaissez-vous ce pavillon? Pourquoi refusiez-vous d'entrer dans ce salon tout à l'heure?
MONTALAIS. Je suis peu curieuse d'entrer dans ce salon, Madame, parce que... je le connais.
MADAME, tristement. Ah! c'était donc vrai, cette histoire de bijou!
MONTALAIS. La pièce est décorée dans le goût le plus riche et le plus rare. Le plafond, peint par Mignard, représente l'*Apothéose de Psyché*. Votre Altesse devrait aller voir cela. Je réponds qu'elle y trouvera tous les candélabres allumés, et des fleurs dans tous les vases et dans toutes les corbeilles.
MADAME. Vous souffrez, mon enfant.
MONTALAIS. A quoi Madame s'en aperçoit-elle?

MADAME. A ceci, que vous essayez de faire souffrir. Vous ne regardez pas à vous déshonorer, à vous calomnier peut-être, afin d'amener un peu de rougeur à mon front et dans mon cœur un peu de honte. Il ne vous importe guère de vous meurtrir, pourvu que vous me frappiez. Et je me demande si la vraie compassion ne serait pas de vous rendre injure pour injure et de vous accorder ma colère. Mais non! Laure, ma douleur ne peut pas vous haïr, et ma blessure vous pardonne.
MONTALAIS. Ah! vous me pardonnez, Madame! alors, c'est qu'on vous aime!
MADAME. On m'aime!
MONTALAIS. Oui, et vous le sentez, vous le savez! Vous savez que je mens, que je me vante, que je suis venue ici, c'est vrai, mais que, ce jour-là, il a eu soin de ne pas y venir, lui!
MADAME. Mais non, je ne savais rien... je ne sais rien.
MONTALAIS. Ah! il n'y a pas un mois pourtant, — sachez encore cela, par exemple! — il n'y a pas un mois qu'il m'écrivait, à moi aussi, des lettres pleines de passion et de prière.
MADAME. Oh! et vous épousiez le marquis!
MONTALAIS. Votre Altesse veut dire que je ne l'épousais pas! — Puis un jour est arrivé sans doute, où M. de Guiche aura lu dans d'autres yeux une plus haute espérance. Alors les lettres ont changé d'adresse, alors je n'ai plus existé, moi, alors il m'a été refusé même une parole de me perdre... Ah! Madame, vous pouvez bien me dire : Je ne vous hais pas! — c'est tout simple, vous êtes aimée! Mais moi, qui suis dédaignée, raillée, repoussée, — moi, je...
MADAME. Ne dites pas que vous me haïssez, Montalais! je ne veux pas que vous me haïssiez! et vous ne devez pas me haïr!
MONTALAIS. C'est juste, j'allais oublier que je parle à Votre Altesse.
MADAME. Laure, il n'y a ici en présence que deux cœurs qui souffrent, et la seule inégalité qu'il y ait peut-être entre eux, c'est que l'un souffre dans son amitié, et l'autre plutôt dans son orgueil.
MONTALAIS. Soit, Madame! il est convenu qu'ayant pour vous toutes les supériorités, naissance, et rang, et charme, et domination des âmes, vous y ajoutez d'être encore bonne, clémente et généreuse. On vous le disait à l'instant : vous êtes une divinité! Mais, moi, je suis une femme, et rien qu'une femme, j'en avertis Votre Altesse! et c'est sur elle mon avantage. Oui, ma force, c'est d'être faible, c'est d'obéir à ma passion, c'est de céder à mon ressentiment, c'est enfin de me venger comme je peux, quand je le peux!
MADAME. Et vous allez le pouvoir, n'est-ce pas, Montalais?
MONTALAIS, avec menace. Madame!...
MADAME. Eh bien, faites, servez-vous des armes que je vous ai fournies contre moi-même. Dans vos mains les lettres à moi adressées par monsieur de Guiche, et elles peuvent assurément, interprétées par des ennemis, me faire tort et me compromettre. Il est certain que j'ai été imprudente de les recevoir. Mais cette imprudence, qui ne nuit qu'à moi, est heureusement le seul reproche que m'adresse ma conscience. Aussi, grâce à Dieu, quand j'interroge mon cœur, je sens que je peux vous plaindre, mon enfant, mais, en vérité, il m'est impossible de vous craindre! (Elle passe dans le salon de droite.)

SCÈNE III.
MONTALAIS, puis LE CHEVALIER.

MONTALAIS, seule. Même vaincue, elle m'écrase encore! Ah! quand et comment avoir mon tour?
LE CHEVALIER, entrant. Nous pouvons, je crois, Madame, nous entendre là-dessus.
MONTALAIS. Le chevalier!
LE CHEVALIER. J'étais là, je sais tout. Oh! vous n'avez rien à craindre de moi. Notre cause est commune. Nous n'avons pas une minute à perdre; j'ai blessé monsieur de Guiche, mais pas assez grièvement pour qu'il ne trouve la force d'arriver d'un instant à l'autre. Quelle est votre volonté?
MONTALAIS. De les séparer, de me venger!
LE CHEVALIER. Bien! j'aime votre colère et votre passion. Nous allons au même but par la même voie. Ces précieuses lettres seront notre moyen. Je ne vous demande pas de me les remettre; je ne voudrais pas les recevoir. Vous ne devez les rendre qu'au roi, et il faut que le roi vous les demande et ne puisse faire autrement que de vous les demander.

MONTALAIS. Comment y arriver?
LE CHEVALIER. Cela me regarde. Voulez-vous bien seulement écrire quelques lignes sous ma dictée : (Montalais s'assied à la table et prend une plume.) « J'ai entre les mains des lettres de monsieur de Guiche à celle dont le roi cherche encore le nom; je prends l'engagement de les remettre à Sa Majesté. LAURE DE MONTALAIS. » (Montalais lui tend le papier.) Vous êtes fière et résolue, mademoiselle!
MONTALAIS. J'ai été humiliée et défiée, monsieur!
LE CHEVALIER. Maintenant, le marquis de Nantouillet, atteint aussi dans la mêlée mais sans aucune gravité, va me rejoindre ici tout à l'heure. Il est utile, ce me semble, qu'il ne vous voie pas; il sera bon que vous n'ayez paru en aucune sorte dans l'échappée d'aujourd'hui.
MONTALAIS. Que faut-il que je fasse?
LE CHEVALIER. Retournez seule à Paris dans la voiture que vous trouverez à la grille. Le marquis pour le roi, et moi pour Monsieur, nous ramènerons Madame.
MONTALAIS. Monsieur de Lorraine, au revoir.
LE CHEVALIER. Quand je vous reverrai, mademoiselle, ils seront séparés et vous serez vengée.
MONTALAIS. Merci! (Elle sort par la gauche.)

SCÈNE IV.
LE CHEVALIER, puis MADAME.

LE CHEVALIER, seul. Le comte ou le marquis peuvent toujours arriver. Allons! (Il va ouvrir la porte de droite.) Votre Altesse me pardonnera d'oser la troubler.
MADAME paraît sur le seuil. Le chevalier! Dieu! (Elle s'appuie, chancelante, au chambranle de la porte, interrogeant des yeux le chevalier avec angoisse.)
LE CHEVALIER, avec amertume. Que Madame se rassure, la blessure de M. de Guiche peut être douloureuse, mais non dangereuse : il est peut-être déjà debout. Oh! j'avoue que ce n'est pas ma faute! il avait mérité un châtiment autrement sévère! Votre Altesse n'ignore pas qu'elle est ici chez lui, attirée dans je ne sais quel piège. Pas plus tard qu'hier, elle se révoltait à la supposition que M. de Guiche pût l'aimer, et voilà qu'aujourd'hui elle s'est laissé entraîner dans un tel péril! comment? par qui?
MADAME, sans se retourner. Par vous! pourquoi avait-on calomnié M. de Guiche? Et qui m'assure qu'en ce moment on ne le calomnie pas encore?
LE CHEVALIER. Le marquis, au nom du roi, arrivera dans peu de minutes; il trouvera ici Votre Altesse; il faudra que M. de Guiche vienne sur-le-champ expliquer au roi sa conduite, je doute qu'il lui soit possible de l'excuser. Ah! je ne l'ai pas tué, mais il est perdu! l'autre jour, banni du Palais-Royal ; ce soir, j'espère, banni de France! — Et l'aveu du coupable convaincra bien enfin Votre Altesse du danger que lui a fait courir cet insolent amour.
MADAME, comme se parlant à elle-même. O mon Dieu! cet amour confus, timide, incertain d'exister, que je ne voulais seulement pas supposer et admettre, — vous verrez qu'à force de le faire souffrir, ils vont me le faire aimer!
LE CHEVALIER. Madame!... Madame, ne dites pas cela! Que M. de Guiche vous aime, cette idée est déjà insupportable! mais que vous... Non! non! vous êtes restée, Dieu merci! étrangère à la tentative insensée du comte. Votre Altesse est si haut placée dans les respects! on ne va certes pas la mêler à la cause perdue de Guiche. Mais qu'elle veuille bien ne pas s'y mêler elle-même. Que diraient, que feraient le roi et Monsieur?
MADAME. Je répondrais au roi et à mon mari. Mais dans l'acharnement qu'on met à me poursuivre en leur nom, la passion personnelle est, en vérité, par trop visible. Le visage perce sous le masque, et je ne sais pas avoir peur d'un masque, comme un enfant.
LE CHEVALIER. Votre Altesse conviendra pourtant que, dans l'intérêt actuel, je peux beaucoup sur le roi, et qu'en toute occasion je peux tout sur Monsieur, tout il le croit ce que je dis, il veut ce que je fais. Ce n'est pas un masque cela, c'est une arme, mon arme, et elle est terrible! — Maintenant, Madame, veut que je lui parle à visage découvert? Eh bien, soit! Oh bien, oui! cette folle et atroce passion, la jalousie, ce n'est pas Monsieur, non, c'est moi, c'est moi qu'elle tient, qu'elle torture et qu'elle bouleverse! Elle s'est substituée dans mon cœur, avec une insurmontable violence, à mon amour répudié par vous, répudié par moi-même : la lave s'est figée en pierre. Madame, ne jouez pas avec cette tempête, plus forte que moi, qui est en moi! Madame, — je ne menace pas, je conjure, — vous, si charmante, si douce, si

faible, j'ai peur de moi pour vous! j'ai peur de ce je ne sais quoi d'âpre, de fanatique et d'implacable que je sens là, qui part de l'adoration et qui irait à la cruauté, qui me ferait votre gardien, et qui me ferait votre bourreau!

MADAME. Vous me tueriez, monsieur?

LE CHEVALIER. Madame!... — Voyons, qu'est-ce que je vous demande? Qu'est-ce que j'implore de vous, pour vous? Laissez Guiche s'éloigner, engagez-vous à ne jamais revoir Guiche! qu'il parte! c'est votre repos, c'est votre salut! qu'il parte! Craignez-le, Madame. Craignez-moi, surtout! craignez ma démence! oh! craignez, par grâce, cet être dangereux, passionné comme l'amant, armé comme le mari!

MADAME. Je sais par expérience que le moindre souffle contraire me ploie et qu'il y a en moi une immense faiblesse, mais je n'y ai jamais senti un atome de lâcheté. Je vous écoute, monsieur, et je m'étonne; mais je ne peux comprendre ni votre droit, ni la peur. Et quant aux marchés que vous me proposez, j'ai pour coutume de ne prendre de ces sortes d'engagements qu'avec moi-même et avec ma conscience.

LE CHEVALIER. Il suffit, Madame. Désormais je me tairai, et je ne me montrerai plus. — Seulement, voici une bague, un présent que dans d'autres temps a daigné me faire Son Altesse; quand Madame retrouvera cette bague, qu'elle pense à celle sache que le témoin, le juge et le punisseur était toujours là.—Pour le moment, Votre Altesse nous permettra-t-elle, au marquis et à moi, de la ramener à Paris?

MADAME. Au marquis, oui; j'ai entendu le roi lui donner ses ordres. À vous, non, monsieur; je ne puis vraiment plus admettre que vous représentiez mon mari.

LE CHEVALIER. Je n'ai donc qu'à aller hâter l'arrivée du marquis. (Il s'incline et se dirige vers la porte. Arrivé sur le seuil, il se retourne.) Madame! une dernière fois, je vous en prie, je vous en supplie, ayez pitié de vous!

MADAME. Non, monsieur! (Le chevalier sort.)

SCÈNE V.

MADAME, seule, puis FRANÇOIS.

MADAME. Il me tuerait! — Oh! mais le malheur, ce n'est pas qu'il me tue, c'est qu'il me tienne. Pour ce qui est de la vie, décidément ce monde est trop désert! personne ne vous aime!

FRANÇOIS, ouvrant vivement la porte-fenêtre. Ami!

MADAME. François! Oh! est-ce que vous pouvez me tirer d'ici?

FRANÇOIS. Pardi! je tombe du ciel pour ça.

MADAME. Mais... M. de Guiche?

FRANÇOIS. Baste! il court déjà je ne sais où, après le chevalier. Il veut le tuer, c'est bien naturel! Mais, de peur de bagarre, je lui ai caché où vous étiez. — Venez vite.

MADAME, avec espérance. Ah! le comte ignorait donc?...

FRANÇOIS, chagrin. Oh! ne parlons pas de lui.

MADAME, tristement. Je comprends.

FRANÇOIS. Mais venez! venez! Le chevalier, le marquis ne doivent pas être loin. Où est mademoiselle de Montalais?

MADAME. Partie sans doute. Elle me trahit, elle aussi. Elle va livrer au roi ces lettres!

FRANÇOIS. Ah! vertu-chou! si je pouvais seulement lui dire deux mots, au roi! et deux à mademoiselle Laure! Mais le plus pressé, c'est de vous sauver.

MADAME. En est-ce vraiment la peine, mon pauvre François?

FRANÇOIS. Oh! oui! prêtez-vous-y un peu, je vous en prie!

MADAME. Allons! soit! Vos moyens?

FRANÇOIS. Dame! ils sont un peu rustiques, mais ils sont bons! D'abord, une forte échelle à moi, qui va vous permettre de descendre par ce balcon; le monde du chevalier garde les autres issues. Et puis, au bout du sentier de droite, Marjolaine, mon ânesse Marjolaine qui vous attend. Vous n'aurez qu'à sauter en selle, vous avez le costume, et qu'à lui dire : Hue, Marjolaine! elle comprendra. Elle sait le chemin de la halle, et le chemin de traverse, s'il vous plaît, qui abrège de quarante lieues. Elle part au grandissime trot. À la porte Saint-Honoré, vous la laissez aller tranquillement, elle connaît son affaire. Et quand le chevalier et le marquis arrivent au Palais-Royal, vous les y avez précédés d'une demi-heure.

MADAME. Ô mon ami! mon seul ami!

FRANÇOIS. Allez! allez! il me semble que je les entends. (Il la conduit au balcon.) Doucement! Vous y voilà. Le mot d'ordre : Hue, Marjolaine! (Madame disparaît.)

SCÈNE VI.

FRANÇOIS, puis LE CHEVALIER, NANTOUILLET.

LA VOIX DE NANTOUILLET, au dehors. Ils ne voulaient pas me laisser avec leurs compresses!

FRANÇOIS, à lui-même. Gagnons toujours des minutes. (Il entre à droite.)

NANTOUILLET, entrant par la gauche, au chevalier. Et puis, qu'est-ce que cela fait que j'arrive un peu tard, pourvu que j'arrive? — Où est la fugitive?

LE CHEVALIER, désignant le salon à droite. Là, sans doute.

NANTOUILLET. Et qui est-ce?

LE CHEVALIER. Vous verrez bien.

NANTOUILLET, ouvrant la porte. Allons, mademoiselle, sortez. Sortez donc! Sortirez-vous, mademoiselle?

FRANÇOIS, paraissant. Je sors, mais ça ne doit pas être à moi que vous parlez!

NANTOUILLET. Le paysan!

LE CHEVALIER, entrant précipitamment à droite. Elle est partie!

NANTOUILLET, la main sur son épée. Rustaud! tu vas me le payer, cette fois!

FRANÇOIS, solennellement. Ah! monsieur le marquis! vous êtes trop bon gentilhomme pour tirer l'épée contre un ennemi... sans échalas!

NANTOUILLET. Le drôle! il me désarme encore!

LE CHEVALIER, revenant. Emparez-vous de lui toujours! (Il sort précipitamment.)

NANTOUILLET. C'est juste! tu es mon prisonnier.

FRANÇOIS, étonné d'abord. Prisonnier? moi! (Fièrement.) Prisonnier d'État? Je n'ai pas la mon épée pour vous la rendre.

NANTOUILLET. Et tu vas me suivre, je t'emmène.

FRANÇOIS. À la Bastille sans doute?

NANTOUILLET. Je te mène au roi.

FRANÇOIS. Au roi! vous me menez au roi?

NANTOUILLET. Oui, sur l'heure.

FRANÇOIS. Ah! que vous êtes aimable!

NANTOUILLET. Comment!

FRANÇOIS. J'avais justement à lui parler.

DEUXIÈME PARTIE.

Le salon du Palais-Royal. (Décor du second acte.)

SCÈNE PREMIÈRE.

FRANÇOIS, NANTOUILLET, MONTALAIS.

MONTALAIS. ...Oui, monsieur le marquis, Madame est dans son appartement...

FRANÇOIS, à part. Bon! elle est arrivée! vive Marjolaine!

MONTALAIS. Seulement, il paraît qu'elle ne reçoit personne.

NANTOUILLET. Mais vous pouvez du moins, ma chère Laure, faire prévenir Son Altesse que le roi est depuis un instant au Palais-Royal, et souhaitera tout à l'heure sa présence.

MONTALAIS. Je vais voir à cela.

NANTOUILLET. Et vous revenez vous-même, n'est-ce pas?

FRANÇOIS. Oh! oui, n'est-ce pas? revenez! (Nantouillet reconduit Montalais.)

SCÈNE II.

FRANÇOIS, NANTOUILLET.

FRANÇOIS, à lui-même, marchant avec agitation. Lui parler à elle, et puis parler au roi! À elle, passe; mais au roi, diantre! Comment ça se parle-t-il, le roi? — Sire!...

NANTOUILLET, rentrant. Maintenant, François, un mot. Je suis, au bout du compte, votre vainqueur, puisque vous êtes mon prisonnier. Rendez-moi un service. (François a pris sur la table du papier et une plume, et s'est mis à griffonner tout debout.)

FRANÇOIS. Pardon! c'est que j'écris. — Sire...

NANTOUILLET. Vous écrivez au roi?

FRANÇOIS. Eh! non, puisque je vas lui parler. Mais je ne serai guère à mon aise, et, pour m'y retrouver, je me fais des marques.

NANTOUILLET. Écoutez-moi d'abord. En ce moment, le roi entend le chevalier de Lorraine; M. de Guiche a été mandé; Mlle de Montalais elle-même va remettre, à ce qu'il paraît, au roi, des lettres très-importantes. De quoi s'agit-il? On a l'air ici de juger quelqu'un, mais qui? J'ai conduit toute l'affaire, et je suis le seul à n'y comprendre presque rien. Mettez-moi un peu au courant, François ; dites-moi comment... Vous m'entendez? Hé! m'entendez-vous?

FRANÇOIS, à lui-même, griffonnant toujours avec action. Trois petits ronds, je saurai ce que ça veut dire. Il s'agit de la tirer de là, voyez-vous, la pauvre chère grande âme!

NANTOUILLET. Qui donc?

FRANÇOIS. Il s'agit de la délivrer de tous ceux qui la chagrinent.

NANTOUILLET. Mais qui sont ceux-là?

FRANÇOIS. Eh! vous donc, d'abord. Pourtant, vous, monsieur de Nantouillet, vous n'êtes pas méchant... Nantouillet! il y a un pays qui s'appelle comme votre ; mon grand-père y avait un ami, — Chanteloup, — l'avez-vous connu?

NANTOUILLET, tressaillant. Vous êtes fou, mon cher! apprenez que je porte d'azur à...

FRANÇOIS, tapant sur son bas. D'azur! eh bien, moi aussi, je porte d'azur. — Pour lors, vous n'êtes donc pas méchant, vous, et je suis aux regrets de vous avoir un peu... endommagé. Mais, dame! pour celle que je défendais, je me jetterais au feu ; jugez voir si je vous y jetterais, vous! — Ah! attendez... une chose à marquer. (Il s'assied à la table.)

NANTOUILLET. Mais celle que vous défendiez, qui était-ce?

FRANÇOIS. Tiens! c'est cette table-là que j'avais mis mon panier de pêches, hier, quand le petit chérubin l'a emporté. Ah! c'était encore un joli commencement, celui-là! un commencement de rien, mais joli! joli! — Vous ne savez pas qui c'était?

NANTOUILLET. La dame que vous défendiez?

FRANÇOIS. Non, le petit chérubin.

NANTOUILLET. Mais je vous demande, moi, qui vous défendez, qui vous combattez?...

FRANÇOIS. Eh bien, je combats ceux que vous nommez, ceux qui jugent, ceux qui accusent.

NANTOUILLET. Comment! Mlle de Montalais, le chevalier?

FRANÇOIS. Vous le dites!

NANTOUILLET. Le roi?

FRANÇOIS. Vous y êtes!

NANTOUILLET. Bonté divine! qu'est-ce que c'est que ce prisonnier-là?

FRANÇOIS. Vous n'êtes pas sans avoir lu la *Bibliothèque bleue?* Vous vous rappelez le nain qui protége la princesse persécutée contre les monstres et les géants? Le nain, c'est moi.

NANTOUILLET. Il perd la tête! est-ce qu'il y a encore des géants et des monstres!

FRANÇOIS. Eh! mais, je trouve que votre chevalier tient beaucoup du monstre! Et le roi, quoique pas très-haut de taille, le roi est tout de même un peu géant!

SCÈNE III.

LES MÊMES, MONTALAIS.

MONTALAIS. Madame a fait dire qu'elle était prête à se rendre à l'appel de Sa Majesté.

NANTOUILLET. Je vais à mon tour porter cette réponse. — Vous savez qu'on vous garde à vue, mon prisonnier?

FRANÇOIS. On est bien honnête!

NANTOUILLET. Il est dit que je ne verrai rien dans mon aventure! Mais, bah! c'est pour l'amour de vous, Laure, que je m'y suis laissé embarquer, et vous allez en sortir plus respectée que jamais. Qu'importe le reste?

MONTALAIS. Monsieur le marquis, je vous remercie de vos bons sentiments pour moi. Il se pourra que vous ayez à regretter votre amour, mais non pas, je vous en réponds, votre confiance.

NANTOUILLET. Ni ma confiance, ni mon amour, je vous en réponds aussi, moi! (Il sort par le fond.)

SCÈNE IV.

FRANÇOIS, MONTALAIS.

FRANÇOIS. Eh bien, vous êtes une noble fille, v'là ce que ça prouve, et aussi qu'on se trompait, que ce n'est pas possible, que vous ne feriez pas cette mauvaise action!

MONTALAIS. Quelle mauvaise action?

FRANÇOIS. Eh! de livrer ces lettres.

MONTALAIS. Je me suis cependant engagée, — engagée par écrit, — à les remettre au roi.

FRANÇOIS. Vertu-chou! je suis fâché de vous contredire, mais je ne peux pas supporter que devant moi on dise du mal de ceux que j'estime et que j'aime! Non, non, ça n'est pas! mademoiselle de Montalais a trop d'esprit pour avoir tant de haine! elle est trop jolie pour être si méchante! cette grimace-là ne va pas à cette figure-là! Mademoiselle de Montalais est incapable de la trahison que vous dites.

MONTALAIS. Excepté quand elle a été trahie.

FRANÇOIS. Trahie par qui?

MONTALAIS. Par M. de Guiche.

FRANÇOIS. M. de Guiche! ah! je ne m'occupe plus de M. de Guiche! il a fait des sottises, qu'il s'arrange! il est assez grand garçon, qu'il se défende! Mais Madame! Madame!... Tenez, hier, à cette heure-ci, dans cette chambre-ci, vous sortiez de là, avec cette agrafe à votre corsage ; Madame n'avait pas à vous livrer, elle ; vous alliez vous livrer vous-même ; vous savez ce qu'elle a fait.

MONTALAIS. Ah! taisez-vous! je m'en doutais, mais...

FRANÇOIS. Mais allez-vous perdre aujourd'hui celle qui vous sauvait hier?

MONTALAIS. Vous oubliez, François, ce que, depuis deux jours, je souffre. M. de Guiche m'a mortellement offensée. La guerre est la guerre. Le hasard a mis dans mes mains une arme ; pourquoi n'en userais-je pas? pour qu'on se moque de moi quand je serai désarmée? Je parie bien, François, que M. de Guiche n'a fait que rire quand vous lui avez rapporté mes menaces!

FRANÇOIS, avec embarras. Mais...

MONTALAIS. Il a ri, n'est-ce pas? Soyez sincère! il a ri quand vous lui avez rendu de ma part cette clef du pavillon?

FRANÇOIS. Quelle clef du pavillon? Ah! tiens, oui, la clef!...

MONTALAIS. Il a ri? Dites la vérité.

FRANÇOIS. La vérité? eh bien, la vérité, c'est que...

MONTALAIS. C'est que?

FRANÇOIS. Ma foi! c'est que votre clef, j'ai tout à fait oublié de la lui rendre.

MONTALAIS. Maladroit! vous l'avez perdue!

FRANÇOIS. Jamais! et ma poche donc! La clef doit y être. (Tâtant.) Elle y est, tenez. Et quoi donc avec? (Il tire, avec la clef, une lettre qu'il ouvre.) Ah! vertu-chou!

MONTALAIS. Qu'est-ce donc?

FRANÇOIS, lisant. « Avez-vous retrouvé l'agrafe? Remettez-la au coureur. Laure. »

MONTALAIS, à part. Imprudente!

FRANÇOIS. M'est avis, mademoiselle, que voilà une lettre qui vaut les autres.

MONTALAIS. Vous la montreriez!

FRANÇOIS. Dame! qu'est-ce que vous disiez? La guerre est la guerre ; le hasard met dans mes mains une arme ; j'en use. — Mais, tenez, je vous offre la paix, moi. Désarmons ensemble. Rendez-moi les lettres de M. de Guiche, et je vous rends la vôtre. Donnant, donnant. Ça y est-il?

MONTALAIS, fièrement. Non! — Gardez cette lettre, je garde les miennes. Moi aussi, je serai perdue, voilà tout. Et je l'aime mieux ainsi peut-être ; vous ne pourrez pas dire que j'ai été lâche!

FRANÇOIS, douloureusement. Ah! — Mais je trouve que vous pourriez dire que je l'ai été, moi. Allons! parce qu'il y aura une trahison, ce n'est pas absolument nécessaire qu'il y en ait deux. (Brûlant la lettre à un flambeau.) Faites ce qu'il vous plaira, mademoiselle ; voilà mon arme en cendre.

MONTALAIS. Ah! François! qu'avez-vous fait? Mais je voudrais maintenant retenir ma vengeance, que je ne le pourrais plus! elle s'est déjà échappée de ma main! Rien qu'en promettant ces lettres, je les livrais. On ne joue pas avec la justice du roi! Qu'avez-vous fait?

FRANÇOIS. Une naïveté, c'est ma manière. (La porte du fond s'ouvre.)

MONTALAIS. Ah! le roi! — Je vais attendre les ordres du roi.

FRANÇOIS. Aurai-je plus de chance avec lui qu'avec vous? (Montalais sort par la gauche.)

SCÈNE V.

FRANÇOIS, LE ROI, LE CHEVALIER, NANTOUILLET.

LE ROI. Vous portez là, monsieur le chevalier, une accusation hardie. Prenez garde à ceci, que, dans les méfaits par vous imputés à M. de Guiche, pourrait se trouver mêlé le nom d'une personne royale?

LE CHEVALIER. Mêlé, mais non certes compromis, Sire.

LE ROI. J'avais dit à peine mêlé, monsieur.
LE CHEVALIER. Votre Majesté ne se fiera qu'à des preuves et à des témoins.
LE ROI. Eh! mais le marquis, seul autorisé par nous, n'a rien vu.
NANTOUILLET, avec empressement. Rien du tout, Sire. Et maintenant qu'on ose parler de Madame, je m'en vante.
LE CHEVALIER. Oui, mais mademoiselle de Montalais s'est engagée à produire des lettres. Et voici un garçon qui a tout vu. Si Sa Majesté me permet de l'interroger?...
LE ROI. Non, monsieur. Je l'interrogerai moi-même, et je l'interrogerai seul.
LE CHEVALIER, inquiet. Eh quoi! le roi veut?...
NANTOUILLET, surpris. Sa Majesté daignera...
LE ROI, souriant. Marquis, un paysan est toujours présenté, ne pouvant pas l'être. Le grand-père de celui-ci a été l'hôte d'Henri IV. Nous-même, l'an dernier, nous avons parlé au vigneron mâconnais, Claude Brosse, et nous nous sommes bien trouvé de la franchise du vin et de l'homme. Allez, messieurs. On rentrera dans un quart d'heure.
FRANÇOIS, à part. O la belle sotte pour que j'ai! je ne vas pas pouvoir coudre deux paroles. (Le chevalier et Nantouillet sortent par le fond.)

SCÈNE VI.
LE ROI, FRANÇOIS.

LE ROI. Approche, l'ami, et réponds-nous en toute sincérité. Tu aurais reçu, dit-on, aujourd'hui, chez toi, à tes vendanges, une personne de la cour?
FRANÇOIS, interdit. Sire... je... hum! — Ah! j'y suis! (D'un ton composé.) Sire, les femmes ont quelquefois leurs idées, c'est sûr, et la mal n'y est pas bien grand. Nous sommes faits pour leur complaire en tout, n'est-ce pas? Avez-vous envie d'avoir une vache, tâchez que votre femme n'ait pas envie d'avoir un jupon neuf.
LE ROI. Qu'est-ce qu'il dit?... Réponds seulement à ma question: quelle est la dame qui est allée tantôt chez toi?
FRANÇOIS. Sire... (Consultant son papier. A part.) Deux croix! pourquoi deux croix?
LE ROI. Que regarde-t-il?
FRANÇOIS. Deux croix!
LE ROI. Mais que dis-tu donc?
FRANÇOIS. Sire... deux croix... Oh!
LE ROI. Ah çà! à qui ai-je affaire? A un sot ou à un fourbe?
FRANÇOIS. Oh! Sire, pardon, pas à un fourbe! Devant Votre Majesté, je suis un peu à la gêne; pour lors j'avais préparé des discours. Mais non, je ne lis couramment que mon cœur. (Il fourre ses papiers dans sa poche.) Si le roi veut le permettre, à la grâce! je m'en vas lui parler naturellement.
LE ROI. A la bonne heure! Parle. Je veux tout savoir.
FRANÇOIS. Mon Dieu! vous savez peut-être déjà tout, Sire; mais ça n'empêche que vous ne savez rien. Ce qu'on vous a dit est peut-être bien la vérité...
LE ROI. Ah! tu en conviens, c'est la vérité?
FRANÇOIS. Oui, mais attendez voir qu'on vous l'éclaire.
— Sur Madame d'abord. Seigneur! v'là que je la nomme! Et pourtant, — je sens d'instinct ce qui est, — une personne comme elle, est-ce que je peux, — je ne dis pas l'accuser, fi donc! — mais est-ce que je peux la défendre? Enfin, vous appelez mon témoignage — juste et franc et sincère; eh bien, je vous le rendre. Sire, depuis hier, j'assiste à tout, je vois ce qui se passe, et j'écoute Madame, et je la regarde. Allez! c'est fièrement beau dans elle! Ah! le rayon du matin sur le pré un jour de fête, n'est pas plus beau! Tout ce qu'elle a dit, tout ce qu'elle a fait, Sire, ah! c'est grand, c'est doux, c'est pur! à vous faire pleurer, à vous faire prier, à faire qu'on baise la place où elle a posé ses pas! — Seulement, elle n'a pas de bonheur, je trouve, elle a tout contre elle, quoi! elle est princesse, qu'elle est belle, et elle est bonnet! Et qu'est-ce qui arrive? On l'admire, alors on aspire à elle. On l'aime, alors on se jalouse et on se déteste autour d'elle. On est sûr qu'elle aimera mieux s'exposer et souffrir que se plaindre et de dénoncer, alors on l'attriste et on la tourmente sans crainte et sans honte!
LE ROI. Et qui ose donc cela? qui? — Ah! tu as raison, je sens que tu as raison! Madame n'est que grandeur et douceur! mais je saurai bien écarter et punir ceux qui ont pu la méconnaître! M. de Guiche, le premier!
FRANÇOIS. Oh! M. de Guiche est mon seigneur... S'il a fait du mal, c'est à l'étourdie et sans le vouloir, et il en est bien puni, Sire! il en est assez puni! — Mais le vrai, le grand coupable, ah! je n'ai pas de raison, moi, pour l'épar-

gner, et je l'accuse: c'est celui qui accuse les autres, celui qui aime comme on déteste, celui que je hais, moi, d'une haine d'abeille à frelon! c'est l'empêcheur! c'est l'effaroucheur de rossignols et l'écraseur de roses! c'est le chevalier de Lorraine!
LE ROI. Le chevalier? Il est l'ennemi de Madame, mais...
FRANÇOIS. Oh! il serait déjà assez méchant de la haïr; mais c'est bien pis, le païen! — Sire, voyez, regardez, comprenez: il a osé l'aimer et le lui dire! et il ose encore être jaloux d'elle, jaloux d'amour!
LE ROI. Est-ce possible?
FRANÇOIS. C'est certain.
LE ROI. Comment le sais-tu? qui te l'a dit?
FRANÇOIS. Je l'ai entendu, Sire. Il se croyait seul avec Madame, et ne savait pas qu'il y avait là, tout près, un honnête cœur qui l'écoutait, qui le jugeait.
LE ROI. Oh! l'indigne! l'indigne! — Mais où donc cela se passait-il? et quand?
FRANÇOIS. Hier soir, ici. Votre Majesté a dit qu'on s'en aille, je me suis trompé, je me suis trouvé enfermé là. Quand le roi a été parti, le chevalier est entré, et j'ai entendu tout, j'étais là.
LE ROI. Malheureux!... mais quand, moi, j'ai parlé à Madame!
FRANÇOIS, s'inclinant. Sire, pardon! j'étais là. Le roi est mon maître et mon juge.
LE ROI, à lui-même. Son juge! (Haut, après un silence.) Pourquoi plies-tu le genou, mon ami? Il est bien vrai que tu es un honnête cœur, et aussi un serviteur sincère, et quand je t'ai demandé la vérité, ce n'était pas pour la punir.
FRANÇOIS. Votre Majesté la connaît maintenant tout entière. Et le roi, bien sûr, va s'arranger de ces malheureuses lettres dont le chevalier menace Madame.
LE ROI. Oh! ces lettres!... Mais non, je ne puis ni refuser, ni dissimuler ces lettres. J'essayerais de nier le mal, je ne le supprimerais pas, je l'aggraverais peut-être. Que faire?
FRANÇOIS. Ah! puisque le roi est avec nous, il viendra bien à bout de ce chevalier du diable! Il arrêtera les intrigues et les querelles, il rendra à Madame la paix, il fera taire autour d'elle toutes ces méchantes haines et tous ces méchants amours. Enfin, le roi commande...
LE ROI. Oui, même à moi, mais non pas à la justice: tu viens de le voir, ami, elle est plus forte que le juge. Que Dieu nous inspire et nous aide!

SCÈNE VII.

LES MÊMES; entrent, par la porte du fond, LE CHEVALIER et NANTOUILLET; par la gauche, GUICHE; par la droite, MADAME; ensuite MONTALAIS, par la porte du fond.

LE ROI. Vous voilà, messieurs; eh bien, nous croyons être sur la trace de la vérité. (Allant au-devant de Madame.) Madame... (Il la conduit à un fauteuil, à gauche.) Madame est ici chez elle, nous ne sommes que son hôte obéissant et son ami respectueux. Elle voudra nous permettre de l'assister peut-être mais c'est elle seule qui doit juger. (A Montalais, qui entre.) Mademoiselle de Montalais, approchez, et adressez-vous à Son Altesse.
MADAME. Vous avez engagé votre parole au roi, Montalais; vous venez la tenir.
MONTALAIS. Si le roi l'exige; mais s'il daignait me la rendre, oh! il me rendrait en même temps la vie!
MADAME. Laure, l'honneur est un fier accusé qui veut être jugé dès qu'on le soupçonne; le doute et l'ombre lui sont plus terribles que la certitude et la lumière. Allons! ces lettres, qui doivent faire connaître la vérité, mais rien que la vérité, remettez-les au roi.
LE CHEVALIER, bas, à Montalais. Courage!
FRANÇOIS, entre ses dents. Hum! courage? moi je dis: traîtrise!
MONTALAIS, à François. Oh! comme vous me regardez! (Avec fierté.) Eh bien, regardez-moi! (Elle va au roi.) Voici ces lettres, Sire.
MADAME. Que Votre Majesté veuille en prendre connaissance.
LE ROI, ouvrant les lettres. La signature: Armand de Guiche. L'adresse... (Se levant et à voix haute.) Mademoiselle de Montalais!
NANTOUILLET. Bon Dieu!
LE CHEVALIER, bas, à François. Ah! c'est toi qui as fait cela!
FRANÇOIS, bas, au chevalier. Chou pour chou, monseigneur! mais le mien est le mieux pommé!

LE ROI, continuant de parcourir les lettres. Ce sont, d'ailleurs, les lettres d'un amoureux, non d'un amant, des supplications et des plaintes. Quelques moqueries sur le roi. (Rendant les lettres à Montalais.) Cela suffit, mademoiselle.

MONTALAIS, à Madame. Cela suffit-il, Madame ?

MADAME, bas. Vous ne me deviez pas tant, mon enfant! (élevant la voix.) Ne baissez pas la tête comme une coupable, donnez-moi la main comme une amie.

LE ROI. C'est votre partage et votre don, Madame, d'absoudre et de réhabiliter. Nous avons, nous, des devoirs plus sévères. — Monsieur de Guiche, ce qui résulte surtout de ces lettres, c'est que vous êtes un médiocre courtisan. Heureusement, vous êtes un bon soldat. Votre régiment est de ceux que j'envoie en Flandre. Vous allez partir sur-le-champ.

GUICHE. Sire, dès demain.

LE ROI. Dès aujourd'hui.

GUICHE. Sire, le temps seulement de présenter à quelqu'un que j'ai offensé une justification d'honneur.

LE ROI. Non, c'est dans la minute, monsieur, c'est d'ici que vous partirez.

GUICHE. Sire, par grâce !...

LE ROI. J'ai dit. — Monsieur de Lorraine, le comte a raillé le roi; vous avez osé, vous, calomnier la maison royale dans la personne auguste et chère de Madame.

LE CHEVALIER. Sire !...

LE ROI. Crime de lèse-majesté, monsieur. Je vous exile. Vous serez, de ce pas, conduit à la frontière d'Italie. Rompre ce ban, pensez-y, c'est la mort. Vous, comte, déserter votre poste, c'est le déshonneur.

GUICHE, bas à François. Ah ! je reviendrai, pourtant ! prévions-en Madame.

FRANÇOIS, épouvanté. Oh ! non !

LE CHEVALIER, s'approchant, bas à Guiche. Vous dites que vous reviendrez, n'est-ce pas ? Soit ! nous reviendrons.

GUICHE. Monsieur !...

LE CHEVALIER. Maintenant, nous jouerons nos têtes, voilà tout.

LE ROI. Allez tous deux !

FRANÇOIS, à part. Miséricorde ! en arrêtant la bise, j'ai déchaîné la tempête ! — Oh ! mais faudra voir ! faudra voir !

ACTE CINQUIÈME.

PREMIÈRE PARTIE.

Un cabinet de verdure dans le parc de Saint-Cloud. — A droite, le rez-de-chaussée de l'une des ailes du château, porte exhaussée de plusieurs marches. — A gauche, l'entrée d'une galerie décorative qui est censée conduire à la salle du ballet. On est au soir, mais l'avant-scène est éclairée par des lustres suspendus dans les branches. — Au fond, par delà l'arcade sombre du feuillage, on aperçoit le parc à la lueur de la lune.

SCÈNE PREMIÈRE.

MADAME, assise près d'une table de marbre; NICOLETTE, pensive, à côté d'elle; MONTALAIS et NANTOUILLET, debout.

MADAME, rendant un écrin à Nantouillet. Je n'ai pu vraiment, monsieur le marquis, me prêter à votre souhait, et faire accepter à Montalais comme un présent de moi cette parure offerte pour vous.

NANTOUILLET. Et alors mademoiselle de Montalais la refuse, n'est-ce pas, Madame? Elle m'avait pourtant permis de la commander pour elle, pour le ballet qu'on va répéter tout à l'heure.

MONTALAIS. C'était dans un autre temps, monsieur le marquis; mais depuis quinze jours tout est bien changé pour moi.

NANTOUILLET. Mais non pas pour moi, Laure. Je vous aimais, je vous aime. Est-ce que les lettres mêmes de M. de Guiche ne vous ont pas justifiée? Est-ce qu'elles n'ont pas été pour vous une occasion de dévouement et de courage? Madame ne vous témoigne-t-elle pas plus d'estime que jamais? La distance s'est plutôt augmentée qu'amoindrie entre vous, belle et de maison ancienne, et moi qui n'ai pour tout mérite que d'être affreusement riche et de vous aimer.

MONTALAIS. Monsieur le marquis, je ressens profondément votre délicatesse. Je vous prie de vouloir bien, vous, comprendre ma fierté. (Elle sort par la porte du château.)

NANTOUILLET. Ah ! Madame, elle me dédaigne et me repousse! Mais c'est bien fait. c'est ma punition pour m'être laissé entraîner, sans le savoir, dans les odieuses menées du chevalier de Lorraine contre Votre Altesse. Ah ! je suis désespéré !

MADAME. Marquis, laissez faire le temps et mon amitié.

NANTOUILLET. Oh ! Madame !...

MADAME. Mais l'heure de notre répétition approche, le roi a promis d'être à Saint-Cloud à neuf heures. Voyez donc, je vous prie, si Lulli est arrivé avec son monde.

NANTOUILLET. J'y cours, Madame. (Il sort.)

SCÈNE II.

MADAME, NICOLETTE.

MADAME. Nicolette ! Eh bien ! à quoi songes-tu donc, mon enfant?

NICOLETTE, comme se réveillant. Moi, Madame? à rien... Madame ne rentre pas? Madame ne craint pas la fraîcheur du soir sous ces arbres?

MADAME. Au contraire, Nicolette, cette fraîcheur me fait du bien.

NICOLETTE. Et du mal peut-être. Madame a la fièvre, pour sûr. Ah ! Dieu ! et je ne peux pas la soigner ! et je la vois si rarement ! Quand je pense que je n'ai appris qu'aujourd'hui toute la peine qu'elle a eue!

MADAME, souriant. Aussi, Nicolette, tu m'as fait redire trois fois la triste histoire, pour l'écouter chaque fois avec de nouvelles larmes. Et moi je te la recommençais volontiers, parce que j'aime à me rappeler les dévouements qui m'ont aidée (Appuyant), celui de François les Bas-Bleus surtout.

NICOLETTE. Oh ! oui! oh ! il a été bien ! Il n'a fait que ce qu'il devait, mais il l'a bien fait, n'est-ce pas, Madame?

MADAME. Il a fait admirablement, cent fois plus qu'il ne devait, chère petite ! — Mais je m'étonne qu'il ne soit pas arrivé; je l'attendais aujourd'hui, ce soir. Car il ne m'a pas abandonnée, il vient de Colombes le plus souvent possible me voir, causer avec moi ; il sait des plantes et des simples qui me calment et me raniment un peu. Tu vas le connaître, Nicolette; ah ! tu connaîtras l'être le meilleur, le plus...

NICOLETTE. Pardon, Madame! contez-moi encore ce qu'il a fait, mais ne me parlez pas de lui, ne me dites pas comment il est, je vous en prie.

MADAME. Eh ! pourquoi donc? Tu m'as déjà arrêtée là-dessus. Pourquoi?

NICOLETTE. C'est une idée que j'ai.

MADAME, souriant. En vérité, Nicolette? Au reste, il va bien falloir que tu te résignes à faire connaissance avec François. Le voilà.

NICOLETTE. Ah ! le voilà !... (Elle détourne vivement la tête, et reste les yeux fixés sur Madame, sans regarder jamais du côté de François.)

SCÈNE III.

LES MÊMES, FRANÇOIS.

MADAME. Bonjour, François.

FRANÇOIS, s'inclinant. Madame... (Reconnaissant Nicolette.) Ah ! le petit chérubin !

MADAME. Eh bien, Nicolette, c'est lui, c'est François les Bas-Bleus. Tu ne le regardes pas?

NICOLETTE. Non, Madame, je ne veux pas... je ne veux pas le regarder.

MADAME. Mais pourquoi?

FRANÇOIS. Oh! pourquoi donc?

NICOLETTE. Seulement, voulez-vous me permettre, Madame, me permettre de lui demander ?...

MADAME. Dis ce que tu voudras, mon enfant.

NICOLETTE. Monsieur François?

FRANÇOIS. Mademoiselle?

NICOLETTE, à la voix de François, se detourne d'un mouvement rapide et plus marqué vers Madame. Monsieur François, êtes-vous marié?

FRANÇOIS. Moi! marié? Mais... mais non, je ne suis pas marié !

NICOLETTE. Ni fiancé?

FRANÇOIS. Bon Dieu! pas davantage.

NICOLETTE. Monsieur François, je ne sais pas si vous êtes jeune ou vieux, je ne sais pas comment est votre personne et votre figure, je ne veux rien savoir. J'ai seize ans, je suis une honnête fille, mon père était le jardinier du couvent de Chaillot, on m'y a élevée, Madame est ma marraine, je l'aime de toutes mes forces, vous l'aimez bien aussi... — Monsieur François, voulez-vous de moi pour votre femme?

FRANÇOIS. Ah! — vous ne vous moquez point?
NICOLETTE. Est-ce qu'on se moque d'une personne comme vous?
FRANÇOIS. Ah! Madame! ah! mademoiselle!... Ah! qu'est-ce que c'est? je tiens donc la fin d'un commencement! et quelle gentille fin! quelle heureuse fin! — Mais, mademoiselle, qu'est-ce que j'ai donc fait?
NICOLETTE. Oh! vous avez servi Madame comme il faut, vous avez été brave et dévoué comme il faut! Et si jamais je ne suis pas assez bonne avec vous, faites-moi souvenir de ce que vous avez fait, monsieur François, et je redeviendrai bonne tout de suite.
FRANÇOIS. Hein, Madame, ceux qui ne croient pas aux contes de fées!
MADAME, tournant la tête de Nicolette vers François. Allons! à présent, regarde-le, Nicolette.
NICOLETTE, vivement. Ah! Madame, je vous jure que je ne l'avais pas vu! — C'est ma récompense.
MADAME. Et tu seras la sienne.
NANTOUILLET, entrant. Madame, tout est prêt, et la répétition va commencer. (Musique dans la coulisse.)
FRANÇOIS. Oh! j'ai à donner à Votre Altesse un beau bouquet que je lui ai apporté tout frais de Colombes.
MADAME. Eh bien, va le chercher avec lui, Nicolette. Quittez-moi, le bonheur; il faut maintenant que je sois au monde. (François et Nicolette, se tenant par la main, entrent dans le château.)

SCÈNE IV.

MADAME, NANTOUILLET, SAINT-AIGNAN, SEIGNEURS ET DAMES EN MASQUE OU NON MASQUÉS; ENSUITE, LE ROI; PLUS TARD, GUICHE ET LE CHEVALIER.

MADAME, à un gentilhomme qui la salue. Monsieur de Saint-Aignan, vous n'avez pas encore vu le roi?
SAINT-AIGNAN. Non, Madame; mais Sa Majesté n'a son entrée qu'à l'intermède du Triomphe de Bacchus.
MADAME. Le roi, d'ailleurs, est peut-être arrivé déjà, messieurs. C'est lui qui a voulu pour cette répétition le mystère et le laisser-aller de la cape et du masque. Vous allez m'aider, n'est-ce pas, à lui donner encore quelques-unes de ces heures légères, jeunes et fleuries comme son âge et comme son règne. Ah! je voudrais marquer un peu mon souvenir dans cette aurore, je veux que le roi dit de moi plus tard : Elle savait bien mener la fête royale!
LE ROI, se démasquant. Le roi le dit dès à présent, Madame, et il est bien connu que vous êtes la magicienne et la magie. (Le roi parle bas à Madame. — François sort du château, portant un bouquet. — Un masque lui touche l'épaule.)
GUICHE, bas. François!
FRANÇOIS, tressaillant. Qui me parle?
GUICHE. Moi. Ne me reconnais-tu pas?
FRANÇOIS. Vous, monseigneur! vous ici!
GUICHE. Écoute; il faut que je parle à Madame.
FRANÇOIS. Oh! impossible!
GUICHE. Il le faut, te dis-je. Préviens-la de ma part.
FRANÇOIS. Non! je ne la préviendrai pas!
GUICHE. Je préviendrai donc moi-même. (Il s'éloigne. Un autre masque, portant la cape et l'habit en tout pareils aux siens, ne l'a pas quitté des yeux, et le suit.)
LE CHEVALIER, à part. Il a parlé à ce François. Mais, moi aussi, j'ai dans le château mes créatures.
LE ROI, haut. Allons, messieurs, profitons de la liberté que la reine de céans nous donne. Allez, errez, les groupes et les couples, dispersez-vous et réunissez-vous. Aujourd'hui on fait sa cour avec sa joie. (Il baise la main de Madame.) Je vais revenir prendre Votre Altesse pour notre entrée. (Tous sortent.)

SCÈNE V.

MADAME, FRANÇOIS, PUIS NICOLETTE; au fond, groupes allant et venant.

MADAME. François!... Eh bien, il ne m'entend pas! François!
FRANÇOIS, sortant de sa préoccupation. Ah! Madame, pardon! voilà votre bouquet...
MADAME. O les admirables fleurs!
FRANÇOIS. Oui, nous les avons assez bien réussies, le bon Dieu et moi. Dame! les fleurs, quand on les aime, elles ne sont pas ingrates, elles! (Entre Nicolette, portant sur un plateau un flacon et une tasse en vermeil.) Je suis aussi très-bien avec les plantes; et tenez, Madame, celles que j'ai mises dans cette boisson-là vous seront, je crois, très-salutaires.

NICOLETTE. Oui, Madame, très-salutaires! monsieur François l'a dit.
MADAME. Ah! si monsieur François l'a dit!
NICOLETTE. Vous avez un peu de fièvre, buvez-en tout de suite, Madame. Buvez.
MADAME. Non, tout à l'heure; j'ai à demander à François... Porte cela chez moi, Nicolette, et je boirai, mes chers petits médecins, tout ce que vous m'ordonnerez tous deux.
NICOLETTE, regardant François. Tous deux! ah! c'est vrai pourtant, et c'est charmant! pour vous soigner, maintenant, je serai deux. (Elle sort, emportant le plateau.)
FRANÇOIS. Vous avez la fièvre pas moins, Madame, — mademoiselle Nicolette l'a dit.
MADAME, souriant. Ah! si elle l'a dit! — Mais non, ce n'est rien, un peu d'animation, le reflet de la fête. On est joyeux autour de moi, je suis joyeuse.
FRANÇOIS. Oh! on ne s'aperçoit chez vous de plus de souffrance qu'à plus de bonté; mais joyeuse!...
MADAME. Sans doute... — François?
FRANÇOIS. Madame?
MADAME, d'une voix qui commence tranquille et va s'altérant. Vous croyez bien comme moi, n'est-ce pas? que M. de Guiche n'aura pas la témérité, ne fera pas la folie de désobéir au roi? qu'il n'ira pas quitter son poste? que je peux être tranquille, qu'il n'y a pas de danger, que je ne le verrai plus?
FRANÇOIS, troublé. Je le crois... oui, Madame.
MADAME, tristement. Eh bien, alors, je suis donc contente, François! — et je voudrais laisser tous mes amis contents. Aussi, je suis ravie que cette soirée amuse le roi, et je suis heureuse, François, de vous voir heureux. Ce sont les testaments du cœur!
FRANÇOIS. Oh! pourquoi parlez-vous de testament et de nous laisser?
MADAME. Par exemple! quand je suis en train de former le souhait d'aller à vos noces!
FRANÇOIS. Vous, à mes noces!
MADAME. Oui, retourner à Colombes! le roi maintenant me le permettrait peut-être.

SCÈNE VI.

LES MÊMES, LE ROI, GUICHE, masqué;

LE CHEVALIER, masqué; SEIGNEURS ET DAMES.
LE ROI. Voici, je crois, Madame, l'intermède du Triomphe.
MADAME. Quand le roi est le triomphateur, je ne me fais pas attendre.
FRANÇOIS, apercevant le chevalier qu'il prend pour Guiche. M. de Guiche! Oh! je ne le perds pas de vue!
LE ROI. Je ne puis vous donner la main; nous sommes des deux camps opposés, — dans le ballet! (Il se dirige, donnant la main à une dame, vers la sortie de gauche.)
GUICHE, s'approchant vivement de Madame. Son Altesse daignera-t-elle me permettre de la conduire jusqu'au théâtre?
MADAME, reconnaît Guiche et laisse tomber son bouquet. Ah!
LE ROI, se retournant. Qu'y a-t-il?
GUICHE, ramassant le bouquet de Madame. Le bouquet de Son Altesse, Sire. (Il sort avec Madame par la gauche.)
LE CHEVALIER, à part. Oh! avant qu'il lui parle ou qu'il la voie seul, — on mourra! (Il va pour les suivre.)
FRANÇOIS, lui barrant le passage. Monsieur le comte, vous ne passerez pas! (Le chevalier repousse François.) Non, monseigneur, non! je ne vous laisserai pas entrer là où est Madame. Ah! je vous aimais bien, mais je ne sais, en ce moment, je vous vois là, devant moi, il me semble que je vous hais! il me semble que vous êtes pour Madame un danger mortel! — Oh! si vous faites encore un pas de ce côté, j'arrache votre masque, je crie votre nom! (Tout à coup le chevalier recule; il vient d'apercevoir Guiche qui rentre.) A la bonne heure! vous cédez, merci! Mais je reste entre Madame et vous, et je vous préviens que je suis tous vos mouvements. (Il sort par la gauche, sans voir Guiche, qui a remonté vers le fond.)

SCÈNE VII.

GUICHE, LE CHEVALIER.

GUICHE. Monsieur, vous portez la cape et l'habit pareils de couleur et de forme à mon habit et à ma cape. Dans quel but? Pour donner le change? pour vous substituer à moi au besoin? pour me gêner et m'épier? Depuis mon arrivée, je vous vois attaché à tous mes pas!
LE CHEVALIER. C'est tout simple : je suis votre ombre.
GUICHE. Quel est votre nom, monsieur?

LE CHEVALIER. Quel est le vôtre?
GUICHE. Allons! vous êtes le chevalier de Lorraine.
LE CHEVALIER. Vous êtes le comte de Guiche. (Tous deux se démasquent.)
GUICHE. Eh bien, que me dénoncez-vous?
LE CHEVALIER. Eh bien, et vous? Mais non! surpris ici, vous êtes déshonoré.
GUICHE. Et vous, mort!
LE CHEVALIER. Oh! cela me serait bien égal, si vous deviez mourir avec moi! Mais un peu de honte n'empêche pas de vivre, n'est-il pas vrai? Et je n'ai pas envie de mourir en vous laissant vivant!
GUICHE. Alors cessez de me suivre.
LE CHEVALIER. Et si je vous demandais de me suivre, vous?
GUICHE. Oh! demain, ou même dans une heure, tant qu'il vous plaira. Mais cette heure, il me la faut, je la veux, je risque de la payer assez cher!
LE CHEVALIER. Et cette heure, si, justement, je ne veux pas vous la laisser!
GUICHE. Vous l'avez avoué, vous ne pouvez rien, et je vous brave! Au revoir.
LE CHEVALIER. Comte, arrêtez! tenez, je ne défie plus, je supplie. Au nom de Madame elle-même, n'essayez pas de revoir Madame! Ce serait un danger effroyable, je vous assure. Ah! vous ne me redoutez pas assez, vraiment! vous ne soupçonnez pas ce dont la passion qui m'anime est capable! vous me savez brave, mais ce n'est rien; qui est-ce qui vous dit que je ne serais pas lâche!
GUICHE, avec mépris. Oh! vous ne m'assassinerez pas! je suis sur mes gardes.
LE CHEVALIER, avec un rire lugubre. Non! ce n'est pas vous qu'il s'agit en ce moment d'épargner.
GUICHE. Qui donc alors? Est-ce vous?
LE CHEVALIER. C'est elle.
GUICHE. Misérable!... comment voulez-vous que je vous craigne, vous qui menacez une femme! (Il sort par la gauche.)
LE CHEVALIER. Malheureux! j'ai menacé, c'est toi qui frapperas! (Il se dirige vers le château.)

DEUXIÈME PARTIE.

Salon contigu à la chambre de Madame. Fenêtre à droite; portes à gauche et au fond. Autre porte à gauche dans un pan coupé. Dans le pan coupé opposé, un dressoir. On aperçoit sur ce dressoir, parmi d'autres pièces d'orfévrerie, le plateau, le flacon et la tasse de vermeil. Table ronde à droite.

SCÈNE PREMIÈRE.
LE CHEVALIER, puis FRANÇOIS.

LE CHEVALIER, entrant précipitamment. Il ôte son masque. Personne ne m'a vu, pas même ce paysan. (Regardant autour de lui.) Chez elle! me voici chez elle. J'y suis venu, dans des jours bien différents, faire, comme on dit, ma cour; aujourd'hui, qu'est-ce que j'y viens faire? C'est ici qu'elle m'a donné cette bague, que je viens lui rapporter. Si pourtant elle n'aimait pas Guiche?... Oh! mais si! elle l'aime, elle l'aime! je sens son bonheur à sa souffrance! Elle l'aime! elle va le voir, toute palpitante de joie et de peur!... Non! cela ne sera pas! j'ai dit que cela ne serait pas! (Il s'approche du dressoir.) La tasse où personne ne boit qu'elle! elle a posé là mille fois ses lèvres! (Il va pour approcher la tasse de sa bouche, mais il l'écarte et la replace avec respect.) Oh! adorable, adorable créature! plutôt que de vivre pour lui, meurs par moi! (Il tire d'un étui de métal un papier qu'il froisse convulsivement.) Empoisonner, non le breuvage, mais le vase, et, par le seul frottement d'un bout de papier... Il y a des misérables qui inventent froidement ces choses! Et moi, moi qui vais m'en servir! N'importe! le moyen est vil, l'action est infâme, mais la cause de l'action, cette passion farouche est pure, non, elle n'est pas infâme et vile! — Mais alors pourquoi ma main tremble-t-elle et ne veut-elle pas m'obéir? (Il est debout près du dressoir. Il jette un cri en voyant François qui entre. Il n'a que le temps de rajuster son masque.)
FRANÇOIS. Ah! monsieur de Guiche! vous encore et ici! ici! — Oh! mais vous voulez donc la tuer! Dites, voulez-vous la tuer? — Voyons, écoutez, je le lui ai dit votre désespoir, comme elle pardonne! vous savez comme elle pardonne! — N'est-ce pas assez encore? Eh bien, elle pense à vous, elle parle de vous, souvent, toujours!
LE CHEVALIER, avec un cri sourd. Oh!... (D'un geste frénétique, il frotte avec le papier les bords de la tasse, jette au fond sa bague, et replace le tout sur le dressoir.)
FRANÇOIS. Et maintenant, si vous restez, vous êtes un ingrat et un impie! (Le chevalier, avec un mouvement désespéré, se dirige vers la porte du fond.) Ah! Dieu soit loué! il m'a compris! mais que je sois sûr qu'il s'éloigne. (Il suit le chevalier.

SCÈNE II.
MADAME, entrant par la gauche; puis GUICHE

MADAME, seule. Il le faut, il faut que je le voie! pour qu'il parte! pour qu'il parte! Ah! tout mon cœur bondit d'épouvante... oui, c'est d'épouvante! Allons! menteuse, pourquoi te tromper toi-même? avoue donc que c'est aussi de joie. (Entre Guiche.) Ah! lui!
GUICHE. Madame! par grâce, un mot, un seul mot, et puis je vous quitte à jamais.
MADAME. Comte, de ce que vous risquez en ce moment, savez-vous qu'il peut sortir deux déshonneurs, le mien comme femme, le vôtre comme soldat.
GUICHE. Oh! pour vous préserver, vous n'auriez, vous, qu'à me chasser. Quant à ma désertion, la guerre n'est pas commencée. Et d'ailleurs, est-ce que j'ai réfléchi, Madame? est-ce que j'ai raisonné? J'étais désespéré, j'étais fou. Quel tourbillon m'a saisi, quels chevaux m'ont emporté, je n'en sais rien, je n'ai pas vu la route, je suis parti, je suis arrivé, voilà tout. Je ne sentais qu'une idée fixe qui m'attirait, qui me voulait, un mot que, sous peine de mort, il fallait venir jeter à vos pieds. Ah! songez donc! je vous avais offensée, blasphémée, vous! je vous avais tendu je ne sais quel misérable piége! et, sur ce crime, il aurait fallu vous quitter, vous quitter tout de suite, sans pouvoir m'excuser, sans pouvoir m'accuser, et vous deviez, vous, m'avoir en mépris et en haine! Ah! voyons, cette pensée-là, cette torture-là était-elle supportable? Est-ce qu'il y avait moyen de vivre, tant que je n'étais pas venu vous apporter mon cœur repentant et tremblant? tant que je ne vous avais pas crié à deux genoux : Pardon!
MADAME. Eh bien, oui, allons! oui, vous avez eu raison de venir. Je vous attendais un peu. Ne souffrez plus! je ne peux pas vous voir souffrir, cela me déchire. C'est fini, je vous ai expliqué, je ne vous en veux pas, je vous pardonne. Mon Dieu! vous avais pardonné déjà. Je commence à m'y faire à ces cruelles méprises des cœurs.
GUICHE. Ah! chère âme céleste, et faite rien que de bonté! j'ai ma grâce! quelle joie! merci! merci!
MADAME. Vous êtes apaisé, je suis satisfaite; du courage, à présent, mon ami!
GUICHE. Du courage pour partir, n'est-ce pas? oui, j'en aurai. Ah! je suis venu, me maudissant moi-même, dans l'angoisse et dans la terreur, et je m'en vais vous bénissant, absous, rassuré... (Il fait un pas comme pour s'éloigner et revient.) Eh bien, non, tenez! cela n'est pas fait. Je m'aperçois qu'en venant, j'avais beau être désespéré, j'étais heureux parce que je venais vers vous, et que, consolé au retour, je vais être désespéré parce que je vous quitte!
MADAME. Ah! ne me le dites pas, au moins! c'est donc bien malaisé de se faire et de dissimuler un peu! Ah! vous me demandiez pardon, je vous demande grâce. Ne voyez-vous pas que ma force n'est pas bien grande, et que je suis au bout de la force. Le souffle me manque! la fièvre me brûle!
GUICHE. Dieu!
MADAME. De l'air! ah! un peu d'air! (Guiche court à la fenêtre.) Arrêtez! on vous verrait! — Ceci vaut mieux. (Elle va au dressoir, se verse du flacon dans la tasse de vermeil et boit avidement.) Ah! mon Dieu! (Elle a trouvé la bague du chevalier.)
GUICHE. Qu'avez-vous? qu'est-ce que cette bague?
MADAME. Eh bien, c'est une émeraude à moi. Elle avait glissé dans cette tasse. (Elle pose la tasse sur la table, à droite.)
GUICHE. Vous voilà mieux. Je ne veux plus vous effrayer, vous affliger. Je pars.
MADAME. Non! restez encore un peu. C'est moi qui vous le dis maintenant.
GUICHE. Eh quoi?...
MADAME. Mon ami, c'est qu'il nous arrive quelque chose... — Ne soyez pas saisi, ne vous alarmez pas! on ne peut pas dire ce soit quelque chose d'absolument malheureux, vous voyez comme je suis calme. — Armand, je pense que je vais mourir.
GUICHE. Mourir! oh! c'est votre fièvre qui parle!
MADAME. Non, ma fièvre est guérie. Je commence bien à souffrir, mais j'ai encore toute ma raison, — et j'ai déjà pres-

que toute mon âme ! je sens les ailes de la délivrance ! — En voulez-vous la preuve, Armand ? Eh bien, écoutez : je vous aime !

GUICHE. Vous me le dites ? Ah ! c'est vrai, vous allez mourir !

MADAME. Ami, est-ce que vous croyez que je vivais beaucoup ? — O Dieu bon ! une minute de sincérité, de liberté, d'amour ! combien ? — La mort. — Eh bien, vrai ! ce n'est pas trop cher !

GUICHE. Vous, mourir ! oh ! cela ne se peut pas ! Qu'avez-vous donc enfin ?

MADAME. Rien, vous dis-je ! quelqu'un qui a voulu m'enchaîner, et qui m'affranchit. Ainsi, ne vous faites pas trop de chagrin, mon ami : je suis empoisonnée !

GUICHE. Ah ! du secours !

MADAME, lui saisissant la main. Non ! ne me quittez pas encore, il faut bien que je vous dise adieu, et que je vous dise au revoir. Oui, au revoir ! et, grâce au ciel, il n'y a pas de chevalier de Lorraine pour empêcher ce rendez-vous-là !

GUICHE. Oh ! alors, s'en aller tout de suite ensemble ! Quel est ce poison, dites ?

MADAME. Non, Armand, vous aurez, vous, à patienter encore un peu. Mais, soyez tranquille, de la hauteur où je suis, le regard va loin, et je vous promets — je te promets — que tu ne tarderas pas à me rejoindre. Tiens, je te vois, je te vois mourir : c'est à l'armée, c'est au passage d'un fleuve. Tu demandes : — «Peut-on traverser là ? » On te répond : — « Impossible ! » Mais toi, tu traverses ! Et c'est de là que tu repars vers moi, glorifié par ceux qui te perdent, et béni par moi qui t'attends.

GUICHE. Oh ! mais, jusque-là, sans vous !...

MADAME. Est-ce que je te quitterai jusque-là ! (Saisie d'une convulsion.) Ah ! mais, pour le moment, il faut me laisser, ami, il faut me laisser !

GUICHE. Quand vous allez mourir !

SCÈNE III.

LES MÊMES, FRANÇOIS.

FRANÇOIS. Mourir ! qui va mourir ?
GUICHE. Elle, François : Madame est empoisonnée !
FRANÇOIS. Oh ! mais appelons ! appelons !
MADAME. Non ! tant qu'il sera là, impossible !
FRANÇOIS. Monseigneur !...
GUICHE. Ah ! mais elle meurt ! le monde, la cour, règles et préjugés, plus rien n'existe ! Il n'y a plus de princesse, il y a une femme adorée qui expire, et personne n'a le droit de me dérober son dernier souffle, personne !
FRANÇOIS. Si fait ! la cour, le monde, moi ! Comment ! voilà une pauvre reine qui, pendant une vie de martyre, a sacrifié tout son bonheur à son honneur, et vous n'auriez pas honte de jeter une ombre sur son agonie ! Ah ! je ne veux pas dire : ce ne serait pas d'un gentilhomme, mais ce ne serait pas d'un homme ! Vous allez sortir, monsieur le comte !
MADAME. Oh ! François !
GUICHE. Il a raison. Merci ! (Il se penche sur les mains de Madame.)' A bientôt !
MADAME attire son front et y met un baiser. Va ! (Guiche sort éperdu. Madame retombe évanouie.)
FRANÇOIS, s'élançant par la porte du fond. Madame se meurt ! Madame se meurt ! (Rumeur au loin.)

SCÈNE IV.

MADAME, évanouie ; LE ROI, FRANÇOIS, FAGON, GUITAUT, SEIGNEURS ET DAMES, accourant, ensuite LE CHEVALIER.

LE ROI. Madame mourante ! — Transportez-la. (On transporte Madame dans sa chambre. François la suit.) Voyez, Fagon, et envoyez-moi dire... (Fagon entre dans la chambre.) Oh ! que s'est-il donc passé ? Faut-il redouter plus qu'un malheur ? (A François qui rentre.) Eh bien ?

FRANÇOIS, bas au Roi. Sire, on croit que le poison est mortel.

LE ROI. Le poison ! un crime ! (Au capitaine des gardes.) Guitaut, que personne ne sorte. (Sort Guitaut.) Mon devoir est de chercher, et j'ai peur de trouver, mon Dieu !

GUITAUT, rentrant. Sire, un homme qui essayait de s'évader vient d'être arrêté dans l'Orangerie. (On amène un homme masqué.)

FRANÇOIS, croyant le reconnaître, à part. Monsieur de Guiche !
LE ROI. Ce n'est plus l'heure des masques, monsieur. (L'homme se démasque.) Le chevalier de Lorraine !
FRANÇOIS, à part. Ah ! mais là, tout à l'heure, c'était donc lui !
LE ROI. Messieurs, nous avons à interroger.
FRANÇOIS, avec énergie. Sire, j'ai à témoigner, moi ! (Tout le monde se retire.)

SCÈNE V.

LE ROI, LE CHEVALIER, FRANÇOIS.

LE ROI. Vous ici, monsieur ! et dans quel moment terrible, vous le savez !
LE CHEVALIER. Oui, Sire, on m'a appris le malheur.
LE ROI. Et qu'avez-vous à dire ?
LE CHEVALIER. Qu'il importe avant tout de savoir ce que Madame a pris dans la soirée.
FRANÇOIS. Rien qu'un verre de cette boisson peut-être. (Il désigne le flacon sur le dressoir.)
LE CHEVALIER. Et qui avait préparé cette boisson ?
FRANÇOIS. Moi.
LE ROI. Toi, malheureux !
LE CHEVALIER. Ah ! on m'accuse ! moi ! (Envoyant un baiser douloureux vers la chambre de Madame.) Moi ! (Il va au dressoir et se verse de la boisson dans un verre.)
LE ROI. Que fais-tu ?
FRANÇOIS. Je me justifie, sire, ou je meurs. (Il boit.)
LE ROI. Il y a un coupable pourtant.
FRANÇOIS, regardant la tasse laissée sur la table. Il y en a un. (Au chevalier.) L'épreuve que je viens de faire, vous, monsieur, l'accepteriez-vous ?
LE CHEVALIER. Oui.
FRANÇOIS. Oh ! avec cette boisson ou toute autre (prenant la tasse de vermeil) ; mais dans ceci, que je vous ai vu tenir il y a un quart d'heure.
LE CHEVALIER. Donnez. — Donnez donc. (Il boit.)
LE ROI. Monsieur, on vous doit une réparation. Avez-vous quelque grâce à nous demander ?
LE CHEVALIER. Oui, Sire, — la permission d'aller mourir ailleurs. (Le roi va s'écrier, il se contient, puis accorde la permission du geste. Le chevalier salue et sort, droit et fier, en raffermissant son pas qui chancelle.)
GUITAUT, entrant. Sire, M. de Guiche...
LE ROI, regardant François. Ah ! je comprends tout.
FRANÇOIS. Sire !...
LE ROI, élevant la voix. J'attendais M. de Guiche. (A Guiche, qui entre.) Vous nous apportez, monsieur, les nouvelles de l'armée. — Messieurs, on peut rentrer. (Voyant entrer Madame.) Madame, oh ! que faites-vous ?

SCÈNE VI.

LES MÊMES, MADAME ; elle rentre appuyée sur MONTALAIS, NICOLETTE, et ses femmes, au moment où GUICHE et les autres GENTILSHOMMES entrent par le fond.

MADAME. J'ai entendu qu'on rentrait, Sire ; j'ai voulu, pour la dernière fois, monter au roi, remercier mon frère. (On la fait asseoir dans un fauteuil.)
LE ROI. Vous souffrez ?
MADAME. Oui, je souffre... (Se reprenant.) mais pas trop ! pas trop ! On a cru dans le premier moment que je mourrais par le poison, mais cela n'est pas : qui donc m'aurait empoisonnée, bon Dieu ? tout le monde m'aime ! — Ma petite Nicolette, je ne t'habillerai pas en mariée, mais tu trouveras ta robe, elle est prête. Nous nous demandions, François, si j'assisterais à vos noces ; j'y serai, mon ami, et à la meilleure place ; le roi vers qui je vais ne me le défendra pas. — Ne vous affligez pas trop, vous, qui m'aimiez. Pensez que j'ai eu parfois de la peine, que je suis un peu lasse, et que je m'achemine là où on se repose, là où on n'est plus princesse, j'espère ! Je m'en retourne au pays, je m'en vais chez nous, chez mon père. Il va falloir donc pas m'en vouloir d'être douce envers la mort, et, quand je vois que vous pleurez tous, oh ! pardonnez-moi de sourire ! (Elle rend l'âme.)
FRANÇOIS, tombant à genoux. Madame est morte !

FIN.

www.ingramcontent.com/pod-product-compliance
Lightning Source LLC
Chambersburg PA
CBHW061524040426
42450CB00008B/1773